Himmelschlüssel

Deutsche Kultur

Die Drucklegung dieses Buches wurde ermöglicht durch
die Südtiroler Landesregierung/Abteilung Deutsche Kultur.

SIGRID MAHLKNECHT EBNER
KATHARINA WEISS

Himmelschlüssel
Kindheit und Jugend in Südtirol

BIBLIOGRAFISCHE INFORMATION DER DEUTSCHEN NATIONALBIBLIOTHEK
Die Deutsche Nationalbibliothek verzeichnet diese Publikation in der Deutschen
Nationalbibliografie; detaillierte bibliografische Daten sind im Internet abrufbar:
http://dnb.d-nb.de

Auch als E-Book erhältlich
ISBN 978-88-6839-389-2

2018 · Zweite Auflage
Alle Rechte vorbehalten
© by Athesia Buch GmbH, Bozen (2017)
Fotos: Familienarchive
Design & Layout: Athesia-Tappeiner Verlag
Druck: Athesia Druck, Bozen

ISBN 978-88-6839-388-5

www.athesia-tappeiner.com
buchverlag@athesia.it

Inhaltsverzeichnis

Grad, als ob man die Stubentüre aufmacht
Maria Anna R., geb. 1910, Meraner Gegend 7

Das Glückskind
Anny Sch., geb. 1924 in Bozen 29

Leben auf dem Hof
Luise P., geb. 1927 in Terenten 51

Durch Himmel und Hölle
Anna G., geb. 1939 in Mölten 69

„Renn, Madl, renn!"
Sieglinde M., geb. 1941 in Laas 87

Blumen am Wegesrand
Elfi G., geb. 1954 in Girlan 107

Mein Sommer in Welschnofen
Sigrid M., Bozen, geb. 1973 in Bozen 135

Glossar 154

Grad, als ob man die Stubentüre aufmacht

Maria Anna R., geb. 1910, Meraner Gegend

„Jemand wurde einmal gefragt, wie ihm denn diese vielen Jahre, die er nun schon lebe, vorkämen. Da sagte er: ‚Grad so, als wenn man die Stubentür aufmacht und langsam wieder zumacht.' So könnte ich wohl auch antworten, wenn man mir diese Frage stellen würde." Dies sind die Worte von Maria Anna R., die eine harte Kindheit und Jugendzeit hatte. Trotzdem ist sie bis an ihr Lebensende eine positiv denkende Frau geblieben.

Ich wurde in Zwölfmalgreien bei Bozen, das damals noch eine eigene Gemeinde war, geboren. Meine Eltern wohnten in Kampill bei Bozen in einem der beiden kleinen Häuser hoch am Hang neben der Kohlerer Bahn. Die Bahn fuhr genau am Schlafzimmerfenster meiner Eltern vorbei.

Als ich geboren wurde und man sah, dass ich ein Mädchen war, sagte meine Mutter: „Oje, ein Mädchen – was wird die wohl alles mitmachen müssen?"

Ja, wenn ihr beide der Hölle zufahren wollt ...
Mein Vater war ein Bauernsohn aus Jenesien. Sein älterer Bruder bekam das kleine Anwesen, mein Vater als jüngerer

Sohn aber musste sehen, wie er sich anderswo einrichtete. Beruf hatte er keinen gelernt – eine Lehre war viel zu teuer –, und so war er eben Gelegenheitsarbeiter geworden. Als ich zur Welt kam, war er Hilfsarbeiter bei der „Südbahn" in Bozen.

Ich war das zweite Kind meiner Eltern, und schon ein Jahr nach mir kam wieder eines, und dann wieder, und so hatten meine Eltern bald vier Kinder, jedes Jahr eines. Das, meinten sie, reiche für eine besitzlose Arbeiterfamilie aus, damit hätten sie ihr Soll erfüllt. Die Kirche freilich hatte da eine andere, weit strengere Auffassung, und so waren meine Eltern in einer argen Zwickmühle. Zum einen waren sie noch sehr jung, zum anderen aber waren sie treue Kinder der Kirche und wollten nicht etwas tun, was nicht erlaubt war. Die Kirche aber gestattete als einzige Methode die Enthaltsamkeit, jede andere galt als schwer sündhaft. Dass ein mittelloses Paar nach vier Kindern genug hätte, das hatte für die Kirche keine Bedeutung.

Meine Mutter konnte das in diesen harten Jahren aber kaum glauben. Deshalb beschloss sie, einen bekannten Pater in der Beichte zu fragen, ob es nicht doch eine andere Möglichkeit geben würde. Doch als der Pater verstanden hatte, was die junge Frau genau meinte, lief er rot an und schrie: „Ja, wenn ihr beide zur Hölle fahren wollt, dann nur zu!"

So kam es, dass meine Eltern noch weitere sieben Kinder bekamen, insgesamt elf – fünf Mädchen und sechs Buben. Alle waren gesund und wuchsen auf. Aber unter welchen finanziellen Verhältnissen, das hat keiner je gefragt.

Dem Tode nahe

Bereits mit zehn Tagen bekam ich einen schlimmen Keuchhusten. Meine Mutter zündete einen geweihten Wachsstock an, um Gott auf diese Weise zu bitten, mich doch am Leben zu lassen. Aber obwohl meine Mutter den Wachsstock so lange brennen ließ, bis er aufgebraucht war, schien das nicht helfen zu wollen. Meine lieben Eltern sagten immer wieder ganz betrübt: „O, jetzt derschnauft sie's nimmer – das arme Kind, muss so viel leiden, bevor es sterben kann." Viele Kinder sind damals an Keuchhusten gestorben, aber ich hatte offenbar eine gute Natur und überstand diese schwere Krankheit.

Als ich zwei Jahre alt war, fiel ich einmal über eine Stiege hinab. Ich kollerte über 22 steinerne Stufen hinunter und blieb zuunterst reglos liegen. Meine Mutter hörte drinnen im Haus einen Rumpler und eilte heraus. Sie sah mich am Ende der Stiege bewegungslos liegen. Als sie hinablief, um mich aufzuheben, sagte eine Nachbarin trocken: „Die brauchst nimmer aufzuheben, die ist schon hin." Aber ich überlebte – als meine Mutter mich hinauftrug, kam ich bald wieder zu mir und begann zu weinen. Außer ein paar Schrammen hatte ich bei diesem Sturz keinen Schaden genommen.

Bestrafter Geiz

Der Erste Weltkrieg war eine Zeit des Hungers. Die Männer waren fast alle eingezogen worden und mussten an verschiedenen Fronten kämpfen. Im Hinterland aber machte sich bitterste Not breit. Die Frauen bekamen zwar etwas Geld als Unterstützung, aber mit diesem Geld konnte man nicht viel anfangen. Denn bei den Bauern bekam man fast nichts dafür, weil diese ihre Produkte zu Schwarzmarktpreisen verkauften, nicht aber zu den vom Staat festgelegten Preisen. Es war eine harte und bittere Zeit. Auch mein Vater war im Krieg, und meine Mutter war mit uns mittlerweile sieben Kindern alleine.

In dem Ort, in dem wir damals wohnten, lebte ein Bauer mit seinen beiden Schwestern auf einem schönen Hof. Alle drei waren gut genährt, eigentlich dick, zugleich aber sehr geizig. Ich erinnere mich noch gut daran, wie ich mit meiner Mutter, die sieben kleine Kinder zu ernähren hatte, zu diesem Bauern ging. Sie flehte ihn mit dem baren Geld in der Hand an, ihr doch um Himmels willen etwas Essbares für ihre Kinder zu verkaufen: Kartoffeln oder Mehl oder sonst etwas, sie hätten alle großen Hunger. Drinnen auf der Anrichte in der Küche sah ich einen schönen gelben duftenden Kuchen stehen. Mir rann das Wasser im Mund zusammen.

Aber der hartherzige Mann schaute meine Mutter nur spöttisch an und sagte: „Haben wohl. Haben, aber nit geben." Damit drehte er sich um und verschwand. Meiner Mutter kamen die Tränen, und auch ich musste weinen. Hand in Hand gingen wir mit leeren Händen nach Hause.

Obwohl wir dem Mann nichts Böses wünschten, kam kein Segen über diesen Hof. Die Kartoffeln, die er in die Erde setzte, verfaulten und er erntete nur wenig. Auch das Getreide, das er speicherte, verdarb, da kleine Insekten die Getreidekörner von innen her auffraßen und dann als Käfer davonflogen. Nach einigen Jahren erkrankte er schwer und starb bald.

Im Singen einen Fünfer
Später übersiedelten meine Eltern nach Nals. Dort wurde ich dann eingeschult. Ich ging gerne zur Schule und bekam auch immer gute Noten. In der vierten Klasse aber bekam ich einmal im Singen einen Fünfer. Ich weiß nicht einmal mehr, warum. Ich war ganz traurig. Als ich diese Note meinem Vater zeigte, drückte er mich an sich und sagte: „Ach, wenn du nur nicht singen kannst, das macht nichts, deshalb kommst du schon doch durchs Leben. Bist ja sonst so ein gescheites Mädchen."

Ich sang immer gern. Später war ich einige Jahre lang Mitglied im Kirchenchor. Mit Anfang zwanzig lernte ich Gitarre spielen und kaufte mir dritter Hand eine eigene. Ich habe viel musiziert und gesungen, diesen Fünfer von damals kann ich mir nicht erklären.

Advent und Weihnachten

Am Tag vor Nikolaus randalierten die *Krampusse* abends in den Gassen herum. Darum war es nicht ratsam, vor die Tür zu gehen. So sperrten unsere Eltern schon früh die Haustür zu, weil sie nicht wollten, dass die Krampusse uns Kinder erschreckten.

Auch den Nikolaus bekamen wir nicht zu Gesicht, denn er kam über Nacht. Nach dem Abendessen wurde wie immer der Rosenkranz gebetet. Dann stellten wir dem Nikolaus ein *Stamperle* Schnaps hin und ein *Tschippl* Heu für seinen Esel, denn sie hatten einen weiten Weg bis zu unserem Haus herauf. Sodann stellten wir Kinder je ein Tellerchen mit einem Zettel, auf dem unser Name stand, auf den Tisch und gingen erwartungsvoll zu Bett.

Am Nikolaustag fanden wir dann in unseren Tellern einige Äpfel, Nüsse, Feigen, Erdnüsse und *Zuckerlen*. Das war ein Jubel und eine Freude.

In der Adventzeit gab es täglich die schönen *Rorate-Messen*. Schon sehr früh am Morgen gingen wir mit einer Laterne hinab zur Kirche. Sie war hell erleuchtet, es wurde während der Messe wunderschön gesungen und gefeiert. Das war eine richtige Vorbereitung auf das Weihnachtsfest. Wir Kinder bemühten uns, besonders brav zu sein. Zu Hause roch es wunderbar nach Weihnachtsbäckereien und Zelten. Hin und wieder gab uns die Mutter einen *Koster*. Wenn wir auch nicht viel Geld hatten, unsere Mutter versuchte trotzdem, uns das Weihnachtsfest so schön wie möglich zu gestalten.

Am Heiligen Abend wurde das Haus blitzblank aufgeräumt und geputzt. Nach dem Abendessen schmückten wir den Christbaum, den unser Vater aus dem Wald geholt hatte, mit Engelshaar, Sternen, Kerzen, *Sternspritzern* und Keksen. Zudem hängten wir winzig kleine Äpfel, die mein Vater selbst züchtete, an den Baum. Darunter kam die Krippe mit dem Jesuskind, Maria, dem heiligen Josef, Hirten und Schafen sowie den Drei Weisen aus dem Morgenland. Wir versammelten uns in der Stube und beteten den Rosenkranz, sangen danach Weihnachtslieder und gingen dann zeitig ins obere Stockwerk hinauf zum Schlafen.

Am Christtag schlichen wir schon früh in die Stube hinab, um zu sehen, ob das Christkind gekommen war. Welche Freude empfanden wir, denn es hatte uns warme Sachen gebracht, Socken, Handschuhe, Unterwäsche, dazu Taschentücher, Schulsachen und einige Süßigkeiten. Alle waren wir glücklich und zufrieden und dankten dem Christkind von Herzen.

Einmal – wir waren wieder umgezogen und wohnten inzwischen in Sirmian – war sehr viel Schnee gefallen und das Christkind konnte bei diesem tiefen Schnee nicht zu uns heraufkommen. Wir waren tief enttäuscht. So kam es erst zu Dreikönig. Aber der weihnachtliche Zauber war nicht mehr da.

Ein anderes Weihnachtsfest habe ich auch in unschöner Erinnerung. Ich glaubte fest an das Christkind und war der Meinung, dass dieses alle gewünschten Dinge nur so oben im Himmel hernehmen könne. Ich wollte einmal auch richtig viele Geschenke bekommen, so wie ich es aus den Geschichten kannte, die ich in der Schule gelesen hatte.

Deshalb beschloss ich, dem Christkind einen Brief zu schreiben, in dem ich ihm alle meine vielen Wünsche darlegte. Ich wünschte mir also eine Nähmaschine, eine schöne Puppe, die die Augen auf- und zumachen kann und „Mama" sagt, dann noch ein richtiges Fahrrad und schließlich noch viele Süßigkeiten und gutes Obst.

Ich legte meinen Brief vor das Fenster und war überzeugt, dass das Christkind ihn dort finden würde. Es kam aber anders.

Als der Christtag kam, waren die Teller meiner Geschwister wie jedes Jahr schön gefüllt, meiner aber – war leer. Gar nichts hatte ich bekommen. Das war eine große Enttäuschung. Die Tränen flossen reichlich, denn ich fühlte mich ungerecht behandelt. Meine Mutter aber sagte zu mir: „Glaubst du denn, dass das Christkindl so viel vom Himmel heruntertragen kann? Andere Kinder wollen ja auch beschenkt werden, da darf es nicht einem einzigen Kind so viele Sachen bringen. Man darf sich deshalb nur wenig wünschen und muss bescheiden sein."

Beim nächsten Weihnachtsfest schrieb ich wieder einen Brief an das Christkind. Diesmal hatte ich gelernt und schrieb: „Liebes Christkindl, bitte bringe mir, was du willst, ich will mit allem zufrieden und recht brav sein."

Am Christtag war auch mein Teller wieder gefüllt, daneben lag ein Päckchen mit einem warmen Stoff für ein Hemd. Ich freute mich, aber damals habe ich damit aufgehört, mir irgendetwas zu wünschen.

Armut überall

Meine Großeltern besaßen in jüngeren Jahren ein mageres Höfl oben am Berg. Weil dieses aber zu wenig abwarf, um die 13 Kinder ernähren zu können, gingen sie auch noch ins Tagewerk. Um zusätzlich ein paar Kreuzer zu verdienen, stellte mein Großvater *Knoschpn* her, die er dann verkaufte.

Oft ging es schmal zu auf dem Höfl meiner Großeltern, schließlich aber wuchsen die Kinder doch heran und wurden fleißige, ordentliche Leute. Alle heirateten und hatten wieder Kinder. Aber alle hatten gleich zu *mergeln* wie vorher ihre eigenen Eltern. Als meine Großeltern alt wurden, ging ihnen die Arbeit nicht mehr so leicht von der Hand. Sie übergaben den Hof dem ältesten Sohn und zogen in das Dorf hinunter, wo sie eine kleine Wohnung in einem alten Haus bezogen. Hier verbrachten sie ihre letzten Jahre.

Eine Altersrente kannte man damals noch lange nicht, und so hatten die alten Leute eigentlich nur das, was sie sich unter harter Mühe erspart hatten oder sich noch gelegentlich dazuverdienten – also wenig oder nichts. Die Kinder waren selbst arm und sahen sich außerstande, die Eltern finanziell zu unterstützen. Nur eine Kleinigkeit war gelegentlich möglich, aber eben nicht mehr. So fristeten meine Großeltern wie viele andere in ihren alten Tagen ein karges Dasein.

Die jüngste Tochter, also das 13. Kind, war hinab in die Stadt gezogen und hatte dort ihren Mann kennengelernt. Zusammen mit ihm übernahm sie nach dem Krieg eine kleine Obst- und Gemüsehandlung. Sie waren fleißige Leute und kamen gut voran. Aber viel hatten sie auch nicht übrig, da sie fünf Kinder hatten. Trotzdem steckte sie den Eltern immer wieder etwas zu. Einmal mehr, einmal weniger, wie es gerade ging. So konnten sich die alten Leute doch einigermaßen gut weiterbringen.

„Siehst du", sagte meine Großmutter zu mir, als ich sie einmal besuchte, „ich habe 13 Kinder haben müssen, damit das dreizehnte auf mich schauen kann."

Das Geschäft meiner Tante, die auch meine Patin war, gedieh trotz der damals wirtschaftlich schweren Zeiten. Mehr als einmal sagte sie zu mir: „Das ist der Segen Gottes, wenn es uns so gut geht – weil die vielen Vergelt's Gott der Eltern Glück und Segen bringen."

Schon früh in den Dienst

Wie das damals in kinderreichen Familien allgemein üblich war, musste auch ich schon sehr früh zu fremden Leuten in den Dienst gehen. Mit zwölf Jahren kam ich zu einer Bauernfamilie nach Tisens, wo ich *Kindsdirn* wurde, also auf die kleinen Kinder schauen musste, und auch sonst im Haus half. Ich kam schon bald nach Schulende dorthin und blieb den ganzen Sommer über dort. Auch als es Herbst wurde und die Schule wieder anfing, musste ich bleiben.

Eigentlich hätte ich ja in die Schule gehen müssen, aber die Bauersleute schickten mich einfach nicht. Weil sich auch sonst niemand um mich kümmerte, habe ich die Schule in Tisens nie von innen gesehen. Auch im darauffolgenden Jahr ging ich nicht, und so habe ich nur sechs Jahre lang eine Schule besucht statt der vorgeschriebenen acht.

Oft habe ich den Schulkindern nachgeschaut und sie beneidet. Sie durften in die Schule gehen, während ich schon arbeiten musste. Aber es wurde nie gefragt, was ich wollte, und mir wäre es nie in den Sinn gekommen, etwas zu sagen. Ich durfte den Bauernkindern bei der Hausaufgabe helfen, dabei blühte ich auf. Die Kinder waren keine besonders guten Schüler und konnten meine Hilfe gut gebrauchen. Ich aber durfte nicht mehr zur Schule, weil meine Eltern es sich nicht leisten konnten. Das war schon sehr ungerecht.

Nach zwei Jahren, ich war inzwischen 14, schickten mich meine Eltern auf einen anderen Hof. Auch hier hatte ich auf die Kinder zu schauen und der Bäuerin nach Möglichkeit zur Hand zu gehen. Ich hatte es nicht schlecht hier, denn es gab ausreichend zu essen, und die Bäuerin hatte mich schon bald lieb gewonnen. Sie lobte mich und liebkoste mich sogar manchmal. Sie hatte wohl Mitleid mit mir armem und körperlich noch sehr kindlichem Mädchen.

Aber ich blieb leider nicht lange hier. Die Bäuerin hat öfter geweint, ohne dass ich den Grund dafür kannte. Einmal, als ich gerade dazukam, wie sie wieder weinte, hat sie mich umarmt, an sich gedrückt und dabei geschluchzt: „O du gutes, unschuldiges Kind. Du weißt ja noch nicht, wie viel Kummer es auf der Welt gibt." Die Frau hatte Eheprobleme, denn ihr Mann betrog sie ständig mit anderen, aber ich war noch vollkommen unschuldig und konnte mit dieser Situation wenig anfangen.

Der Grund, warum ich dann aber von diesem Hof wegkam, war ein anderer. Auf dem Hof gab es noch einen Knecht und eine Magd. Der Knecht war nicht besonders nett, er redete nicht viel und schon gar nicht mit mir. Die Magd aber, die Zenzi, war freundlich und hat mich gut behandelt. Einmal sah ich den Knecht, der mit den anderen auf dem Feld arbeitete, wie er plötzlich auf einmal vorsichtig nach links und nach rechts sah und dann der Magd ein Zeichen gab. Er begab sich zum nahen Wäldchen hinauf. Die Zenzi arbeitete noch eine kurze Weile weiter und tat, als ob nichts geschehen sei. Dann aber schaute auch sie sich um und ging dem Franz nach. Schon nach kurzer Zeit kamen sie zurück, zuerst die Zenzi und dann er. Sie arbeiteten weiter, als ob nichts gewesen wäre.

Ich war neugierig geworden, mir entging selten einmal etwas. Aber das Geschehene konnte ich mir nicht erklären. Am nächsten Tag geschah dasselbe wieder. Was das wohl zu bedeuten hatte? Ich konnte mir keinen Reim darauf machen. Nach fünf oder zehn Minuten kamen die beiden unauffällig zurück. Was mochte dort im Wald wohl zu sehen sein?

Als sich am folgenden Tag wieder dasselbe abspielte, hielt ich es vor Neugier nicht mehr aus. Ich schlich den beiden nach kurzer Zeit nach. Als ich mich vorsichtig nach den beiden umschaute, sah ich plötzlich die Zenzi, wie sie auf dem Boden lag, mitten in den gelben Himmelschlüsseln, die bereits in voller Pracht blühten, und der Franz war bei ihr. Ich war noch nicht aufgeklärt, doch das kam mir doch seltsam vor. Plötzlich erblickte mich die Zenzi, schob den Franz weg, stand schnell auf und richtete sich die Kleider zurecht. Sie hatte ihren Kittel ganz oben gehabt. Der Franz blickte mich böse an und während er noch an seiner Hose herumnestelte, kam er mit großen Schritten auf mich zu und sagte drohend: „*Gitsch*, wenn du nur ein Wort zu einem sagst, bring ich dich um." Ich hatte große Angst, da aber kam die Zenzi zu mir und sagte: „Gell, du sagst niemand, was du gesehen hast, ich schenk dir dann einmal etwas dafür. Weißt, der Franz und ich haben uns gern, und da haben wir uns halt ein bissl gebusslt, aber das darf niemand wissen." Dann legte sie den Arm um meine Schulter und wir gingen wieder zur Arbeit zurück.

Ich sagte nichts zur Bäuerin. Am nächsten Sonntag ging ich aber beichten und da habe ich dem Herrn Kooperator erzählt, was ich gesehen hatte. Ob das Sünde sei, wenn ich der Bäuerin nichts davon erzähle? Der Herr Kooperator bekam ein rotes und ernstes Gesicht und antwortete: „Nein, das ist keine Sünde. Aber du sollst nicht so neugierig sein." Mit diesem Versprechen verließ ich nach ein paar Bußgebeten die Kirche.

Am nächsten Sonntag kam mein Vater unerwartet auf den Hof und sagte zur Bäuerin, dass er mich wieder mitnehme. Als diese ganz überrascht war und mich nach dem Grund fragte, wusste ich selber keine Antwort. Aber mein Vater machte weiterhin ein ernstes Gesicht und sagte: „I nimm das Madl mit. Dankschön für alles, Bäuerin." Erst viel später erfuhr ich, dass der Herr Kooperator von Tisens zu ihnen heimgekommen war und sie aufgefordert hatte, mich abzuholen, um mein Seelenheil nicht zu gefährden.

Ich kam dann zu einem Bauernhof in der Nähe von Nals, wo ich es gut hatte und länger blieb. Als ich 17 wurde, kam ich zu einem Baron in der Meraner Gegend. Auch dort wurde ich gut behandelt.

Hausmädchen, Stubenmädchen, Köchin

Ich durfte leider weder eine Schule besuchen noch einen Beruf erlernen. Beides war nicht vorstellbar für ein Mädchen wie mich, und so blieb mir nichts anderes übrig, als im Haushalt zu arbeiten. Ich war Hausmädchen, Stubenmädchen und später sogar Köchin in teils vornehmen Häusern, bei Grafen und Baronen, Direktoren und Doktoren. Ich habe mich immer bemüht, die mir übertragenen Aufgaben möglichst gut und verlässlich zu erledigen.

Wir Hausangestellten waren aber nur sehr wenig angesehen. Einmal fragte mich in Anwesenheit anderer Personen eine sogenannte bessere Frau: „Fräulein, sind Sie in einem Geschäft als Verkäuferin tätig?"

„Nein", antwortete ich, „ich bin Stubenmädchen beim Grafen T."

Darauf antwortete sie geringschätzig: „Ach so, nur ein Dienstmädchen."

So wurden wir damals eingeschätzt. Ich fühlte mich verletzt und meiner Würde beraubt. Wenn ich es mir aussuchen hätte können, ich wäre auch lieber reich geboren worden.

In den Herrschaftshäusern waren wir Mädchen sehr behütet. Bei dem Grafen T. waren wir fünf weibliche Bedienstete: eine Kammerzofe für die Gräfin, eine Köchin, noch ein Stubenmädchen, das Hausmädchen und ich. Wir durften nur alle drei Wochen einen Nachmittag ausgehen, sonst hatten wir immer im Haus zu sein. Abends ausgehen? Nicht daran zu denken – bei Dunkelheit durfte man nicht einmal vor das Schlosstor gehen. „Die Nacht ist des Menschen Feind", hieß es immer, „da gehören die Leute ins Haus."

Der erste Kuss
Als ich 17 Jahre alt war, habe ich mich das erste Mal verliebt. O, war das schön. Die Sonne schien plötzlich heller, die Blumen dufteten noch lieblicher als sonst, der Gesang der Vögel im Garten klang viel freundlicher, die ganze Welt schien rosarot. Doch wer lieben will, muss auch leiden, heißt ein alter Spruch. Als mein Liebster mir dann den ersten Kuss gab und mich an sich drückte, erschrak ich so sehr, dass ich davonlief, mich in meinem Zimmer einsperrte und weinte. Ich dachte, ich hätte meine Unschuld verloren.

So wenig war man damals aufgeklärt. Zu meinem Glück aber lebte in dem Haus, in dem ich gerade bedienstet war, eine Köchin, die ich sehr gerne mochte. Sie war schon weit über dreißig und hatte das Pech gehabt, von ihrem Mann schon bald nach der Hochzeit verlassen worden zu sein. Da er dabei auch ihre ganzen Ersparnisse mitnahm, musste sie sich fortan selber durchbringen. Also diente sie schon seit Jahren als Köchin in diesem Haus. Sie verriet mir, dass der Baron oft zu ihr käme. Sie mussten das allerdings ganz heimlich tun, weil das Schloss der Baronin gehörte. Diese hätte von ihrem Mann verlangt, dass er etwaige „Amouren" mit äußerster Diskretion betreibe, ansonsten würde sie ihn stante pede hinauswerfen. Die beiden hatten einen gemeinsamen Sohn, der fast gleich alt war wie ich, einen gutmütigen, harmlosen, hoch aufgeschossenen Burschen.

Dass auch der ungefähr achtjährige Sohn der Köchin nicht von ihrem Exmann, sondern von keinem anderen als dem Baron stammte, vertraute sie mir auch an. Das Kind wohnte nicht bei seiner Mutter im Schloss. Das hätte die Baronin nie erlaubt, obwohl sie gar nicht wusste, dass ihr Gatte der Vater war. Das Kind lebte bei Pflegeeltern in der Nähe von Meran, dort besaß die Köchin auch ein kleines, neu erbautes Haus, das der Baron bezahlt hatte.

Kurz und gut: Die Lebensumstände der Köchin waren so ganz anders, als wir das in der Religionsstunde und auch daheim gehört hatten, aber der Umstand, dass sie dabei offenbar zufrieden war, hat mich beeindruckt.

Als sie mich nach meinem ersten Kuss mit verweinten Augen sah, fragte sie mich freundlich und vorsichtig, was mir denn fehle. Ich verriet ihr unter neuerlichen Tränen meinen großen Kummer. Sie lächelte und umarmte mich. Sie erklärte mir, dass man wegen eines Kusses noch lange nicht seine Unschuld verliere, meine Tränen seien deshalb ganz unbegründet. Dann sprach sie endlich mit mir über jenes Thema, das mir noch völlig fremd war: Sie klärte mich auf – ruhig und geduldig. Zugleich warnte sie mich vor den Männern, denn diese würden einem Mädchen alles Mögliche vorlügen, um an ihr Ziel zu kommen. Besser wäre es, ich würde mich bis zur Ehe aufbewahren. Sie wünschte mir viel Glück in der Liebe.

Drei Kirchen in Bozen
So wie in meiner Jugend alles nach Rang und Stand eingeteilt wurde, war es auch mit den Kirchen in Bozen. Im Zentrum gab es drei: die Pfarrkirche, die Franziskanerkirche und die Kapuzinerkirche. Die Bozner Bürger – so weit sie überhaupt noch in die Kirche gingen – und jene, die sich als etwas Besseres fühlten, gingen in die Pfarrkirche, wo der Propst zelebrierte und ein großer und gut geschulter Kirchenchor die Gottesdienste verschönerte.

Auch die Familien, bei denen ich arbeitete, besuchten also die Pfarrkirche. Aber die städtische Bevölkerung bäuerlicher Herkunft und überhaupt die Leute aus Zwölfmalgreien, aus St. Peter, St. Johann und der Zollstange gingen nicht in die Pfarrkirche, sondern zu den Franziskanern.

Als ich meine Arbeitsstelle wechselte und zur Familie B. kam, sagte mir die Tochter des Hauses bald, dass es in Bozen üblich sei, dass die Dienstboten zu den Kapuzinern gingen. Gottesdienst sei dort um die und die Zeit. Also ging ich auch zu den Kapuzinern. Tatsächlich fand ich dort auch andere Hausmädchen und Köchinnen. Da ein Mädchen, das ich kannte, beim dortigen Kirchenchor war und sie wusste, dass ich gerne sang, lud sie mich ein, doch auch zum Chor der Kapuziner zu kommen. Das habe ich dann auch getan und so wurde ich Chorsängerin. Ich kannte zwar die Noten nicht, hatte aber ein sehr gutes Gedächtnis und merkte mir so die zu singende Melodie schon bald. Auch hatte man ja Notenblätter vor sich, auf denen man sehen konnte, ob die Melodie hinaufging oder wieder herabsank und ob lang oder schnell zu singen war. Ich erinnerte mich wieder an meinen einzigen Fünfer in meiner kurzen Schulkarriere. Der war wohl wirklich nicht gerechtfertigt gewesen.

Der Ehestand ist ein Wehestand

Als ich an einem Sonntagmorgen wie so oft den Gottesdienst bei den Kapuzinern besuchte, lernte ich meinen späteren Mann kennen. Nach der Messe stand er auf dem Platz vor der Kirche und starrte mich unverblümt an. Als er einen Bekannten fragte, wer ich sei, erhielt er als Antwort, dass ich zu den Chorsängerinnen gehöre. Als er weiterbohrte und wissen wollte, wie ich hieß, lachte der andere nur und sagte: „Ah, die heißen alle Nandl oder Moidl." Womit er ja auch nicht Unrecht hatte.

An den nächsten Sonntagen stand er nach jeder Messe vor der Kirche. Er gefiel mir von Woche zu Woche besser. Doch keiner von uns beiden traute sich, den anderen anzusprechen. Als ich dann eines Sonntags wieder zu den Kapuzinern ging, meinen *Schott* in der Hand, sah ich ihn schon von Weitem wartend vor der Kirche stehen. Unterwegs hatte ich ein Mädchen, das mit mir im Chor sang, getroffen, also fragte ich sie, ob sie den Unbekannten kennen würde.

„Nein", antwortete sie, „aber ich sehe ihn schon seit ein paar Wochen vor der Kirche stehen, der hat's wohl auf eine von uns Mädchen abgesehen."

„So?", tat ich erstaunt.

„Aber warte", sagte meine Begleiterin geistesgegenwärtig, „da steht einer neben ihm, den kenne ich. Gehen wir hin und begrüßen ihn, dann kommst du mit dem anderen ins Gespräch."

Mit der größten Selbstverständlichkeit steuerte meine Freundin auf ihren Bekannten zu und begrüßte ihn. Ebenso begrüßte sie auch den Unbekannten, so als ob er zu ihren Bekannten gehören würde. Sie sagte, auf mich deutend: „Kennt ihr euch eigentlich schon? Das ist Maria, meine Freundin."

Sogleich gab er mir die Hand. Schon an seinem Händedruck spürte ich, wie er sich freute, mich endlich kennenzulernen.

Als meine Freundin und ich dann zum Chor hinaufgingen, sagte sie lachend: „Jetzt kommt der dir nimmer aus."

Nach der Messe wartete er auf mich, und als er mich sah, kam er freundlich lächelnd auf mich zu und sagte: „Schön habt's gsungen, wirklich schön!" Dann fragte er mich, ob er mich ein Stück begleiten dürfe. Ja, und so sind wir dann bekannt geworden. Nicht einmal ein Jahr darauf haben wir geheiratet.

Kurz vor der Hochzeit ging ich manchmal unter der Woche in die Kirche und bat immer wieder um Gottes Segen für den bevorstehenden Schritt. Auch ging ich nun öfter zur Beichte und zur Kommunion.

Einmal sagte ich dem Pater bei der Beichte, dass ich bald heiraten werde. Ich war aber nicht wenig überrascht, als der Pater fragte: „Sag einmal, Madl, warum willst du eigentlich heiraten?"

Ich war über diese Frage sehr erstaunt: „Ja, weil ... ich ihn sehr gerne habe."

„Nur deswegen?"

„Und weil ich so gerne Kinder hätte."

„Ja", gab der Pater zu, „dafür brauchst du allerdings einen Mann. Aber glaub nur ja nicht, dass es dir im Ehestand besser geht als jetzt, denn der Ehestand ist ein Wehestand. Du brauchst viel Geduld und Ausdauer und wirst manches erleben müssen, was dich nicht freut."

Hier enden die Kindheits- und Jugenderinnerungen von Maria Anna R. Sie war hochintelligent und zäh. Immer hat sie nach vorne geschaut und sich nicht beirren lassen. Bis zuletzt. Sie wurde fast neunzig Jahre alt.

S. M. E.

Das Glückskind

Anny Sch., geb. 1924 in Bozen

„Ich habe immer gerne gelesen, auch solche Bücher, die ich eigentlich nicht lesen sollte. Eigentlich durfte ich nur klassische Literatur lesen. Aber mit der Taschenlampe unter der Bettdecke liegend habe ich heimlich Krimis verschlungen. Ich wuchs sehr behütet auf. Im Winter musste ich um sieben Uhr abends, im Sommer um acht zu Bett gehen.

Auch mein Vater las gerne. Ich sehe ihn noch vor mir: im Bett mit Zigarette und Kaffee, ein interessantes Buch in der Hand. Er trug einen Hut, wenn er das Haus verließ. Ich war sehr stolz auf ihn."

So beginnt die weitum bekannte Bozner Theaterspielerin Anny Sch. ihre Erinnerungen. Die temperamentvolle Frau erzählt und erzählt, bis ins Detail kann sie sich an viele Begebenheiten ihres Lebens erinnern, die Einblick in längst vergangene Zeiten gewähren, in eine Kindheit im Bozen der Zwischenkriegszeit.

Schon die Vorgeschichte meines Lebens war sehr turbulent: Meine Großmutter väterlicherseits kam als junges Mädchen allein von Böhmen nach Wien. Dort arbeitete sie bei verschiedenen Familien im Haushalt. Von zwei ihrer Arbeitgeber wurde sie schwanger, ohne je einen Kreuzer von ihnen für die Kinder erhalten zu haben. Da sie mehr als genug Milch hatte, wurde sie gerne in verschiedenen Wiener Bürgerfamilien als Amme eingestellt. Auch meinem

Papa schmeckte ihre Milch so gut, dass er noch im Alter von drei Jahren auf einem Schemel zu ihr hochgestiegen ist, um an sein Lieblingsgetränk zu gelangen.

Meine Großmutter hatte schließlich großes Glück. Mit ihren zwei ledigen Kindern war sie keine gute Partie, trotzdem verliebte sich ein um 25 Jahre älterer Kutscher aus Wien in sie. Gemeinsam hatten sie dann noch fünf Kinder – eines davon war mein geliebter Vater.

Mein Vater war im Ersten Weltkrieg als Soldat nach Bozen gekommen, er war in der Baumwollspinnerei untergebracht, die sich am Ende der Bozner Talferpromenade befand.

Meine Mutter war eine Gschlössltochter, stammte also aus dem Gasthof Gschlössl, der sich ganz in der Nähe befand. Jedes Mal, wenn sie die Gasse entlangging, schaute ihr mein Vater wie gebannt nach. Sie war eine sehr schöne Frau. Das war ihr voll bewusst und bald waren die beiden ein Paar.

Mein Vater nahm meiner Großmutter, also seiner zukünftigen Schwiegermutter, die Schreibarbeiten ab, denn er hatte eine Ausbildung als Buchhalter genossen. Auf diese Weise machte er sich in der Familie meiner Mutter bald unentbehrlich. Nach wenigen Monaten Bekanntschaft war bereits ich auf dem Weg. Noch auf ihrem Totenbett hat meine Großmutter meinem Vater das Versprechen abgenommen, meine Mutter zu heiraten. Und so geschah es.

Ich wurde im Mai 1924 im Sternzeichen Stier geboren. Als solcher bin ich bodenständig, zudem künstlerisch begabt. Ich war talentiert, aber nicht fokussiert.

Später habe ich noch zwei Brüder bekommen. Mein jüngerer Bruder ist leider im Alter von 21 Jahren beim Klettern abgestürzt, der andere Bruder lebt auch nicht mehr.

Unsere Wohnverhältnisse hingen jeweils direkt mit der wirtschaftlichen Situation meines Vaters zusammen.

In der Herrschaftswohnung

Meine frühe Kindheit war sehr schön. Wir wohnten in einer großzügigen Wohnung mit Doppeltüren in der Andreas-Hofer-Straße. Die Wohnung befand sich am Anfang der Straße, vis-à-vis vom *Batzenhäusl*. Sie gehörte den Widmanns, zwei jungfräulichen Damen, die ein Besenbindergeschäft unter den Lauben besaßen. Sie stellten wunderbare Besen, die noch mit der Hand gebunden wurden, her. Diese wurden im Haus, in dem wir wohnten, hergestellt.

Wir lebten im ersten Stock, ebenso wie eine andere Familie. Über eine Außenstiege gelangte man zu einer großen Terrasse. Das Plumpsklo befand sich in unserer Wohnung, die andere Familie, die nebenan wohnte, musste unseres benutzen.

Es gab zu dieser Zeit noch die sogenannten *Haislraggler* in Bozen. An Stangen hatten sie über den Schultern große Kübel befestigt, damit räumten sie die *Haislgräben*. Nebenbei sangen sie meistens, deshalb habe ich mich sehr gefreut, wenn ich sie sah.

Gegenüber von unserer Wohnung befand sich ein lang gestrecktes Haus, das von der Ritsch umflossen war. Der Boden des Bachbettes war hier aus Stein, und die Dienstmädchen haben mit den sogenannten *Rumpeln* die Wäsche gescheuert. Diese bestanden aus Holz, darüber befand sich ein Wellblech. Beim Waschen knieten die Mädchen auf dem Boden. Wenn wir Kinder brav waren, durften wir mit unserem *Madl* mit. Sie wusch, wir rannten um sie herum. Arme Dienstmädchen.

Manchmal durften wir auf der Talferpromenade spielen. Unser Dienstmädchen Rosa hat uns begleitet und beaufsichtigt. Dienstmädchen kosteten fast gar nichts, in jeder besseren Wohnung gab es ein Zimmer für sie. Rosa war sehr nett. Sie war jedoch eine starke Raucherin. Als ich für sie gebrauchte Zigarettenstummel aufgehoben habe, war Mama sehr böse darüber. Auch mein Vater war ein starker Raucher, ich habe ihm manchmal seine *Tschigg gewuzelt*.

Mama hat sich mit ihrer Schwester täglich in einem Café in der Innenstadt von Bozen getroffen. Wenn wir gerade kein Dienstmädchen hatten, hat sie uns Kinder inzwischen einfach im Kinderzimmer eingesperrt. Als Belohnung fürs Bravsein bekamen wir dann ein Ei im *Pfandl*.

Im Alter von fünf Jahren besuchte ich den Kindergarten in der Wangergasse. Wir wurden von italienischen Klosterfrauen betreut. Sie trugen große weiße Hauben auf ihren Köpfen. Hier habe ich Italienisch gelernt. Wir mussten vor dem Betreten der Räume die Schuhe ausziehen. Dann mussten wir uns in einer „Fila" – Reihe – aufstellen. Nun bekam jedes Kind einen Löffel Lebertran. Anschließend gab es ein köstliches rotes Magenzuckerle, sozusagen als Belohnung, dass wir den scheußlichen Lebertran eingenommen hatten.

In der Villa in Quirein

Mein Vater war bei einer jüdischen Versicherung angestellt, die eine Filiale in Bozen hatte. Sein Vorgesetzter hieß Herr Teller. Mein Vater war quasi das Hirn seiner Firma. Er verdiente ausgesprochen gut mit seiner Arbeit. Wohl aus diesem Grund zogen wir in meinen frühen Schuljahren in eine schönere Wohnung nach Quirein in die Villa Endrizzi. Hier wohnten wir erstmals in einer Vierzimmerwohnung mit richtigem Badezimmer. Ein Zimmer hatte einen Balkon, sogar ein eigenes Speisezimmer war vorhanden. Die Möbel hatten wir alle beim bekannten Möbelgeschäft Market in der Leonardo-da-Vinci-Straße gekauft. Wir besaßen zwei Vitrinen, in einer davon befand sich das komplette „Brehms Tierleben", auf das mein Vater besonders stolz war. Das Speisezimmer benutzen wir nicht, nur bei Geburtstagen oder bei Besuch wurde es geöffnet.

Wir Kinder haben uns hier oft verkleidet und Theater gespielt. Ich liebte das Schauspiel von Anfang an. Wohl deshalb konnte ich auch die anderen Kinder in der Nachbarschaft dafür begeistern. Im Garten gab es viel Platz für uns. Der Platz zwischen den Drähten, auf denen die Wäsche aufgehängt wurde, diente uns als Theaterbühne. Alle mussten jene Rollen spielen, die ich ihnen vorschlug. Ich war also Schauspielerin und Regisseurin in einer Person. Unsere Eltern waren unser Publikum, das bei jeder Vorstellung kräftig applaudierte. Mein jüngerer Bruder wurde dafür eingesetzt, die Wäsche als Vorhang auf- und zuzuziehen. So hatten wir fast schon eine richtige Bühne.

Ich war mit den Kindern einer Nachbarsfamilie befreundet, die mich häufig besuchten. Gemeinsam haben wir Puppenkleider genäht.

Nebenan befand sich die Villa Hofer, in deren Kellergeschoss einige Frauen Talare für die Geistlichkeit bestickten. Sie arbeiteten echtes Gold in die wertvollen Stoffe ein. Das Geschäft Hofer, in dem die Waren verkauft wurden, befand sich unter den Lauben. Die Nachbarstochter war wohlbehütet und schaute oft über das Holzgitter der Villa zu uns herüber. Sie durfte nie zu uns kommen, denn ihre Eltern erlaubten es ihr nicht. Sie trug immer weiße Kleider und besaß einen hübschen Puppenwagen, in dem sie ihre Katze spazieren fuhr. Sie verbrachte die meiste Zeit mit ihrer Großmutter.

Wir waren gut situiert, ich besaß hübsche Puppen mit schönen Kleidern und ein Grammofon. Schließlich durfte meine Nachbarin mich endlich besuchen, wir waren also doch gut genug für sie. Einmal wurde ich sogar zu ihr nach Hause eingeladen. Ich durfte in ihrem Zimmer, das mir völlig leer erschien, mit ihr spielen.

Schmutzig machen durfte sie sich nie. Wohl deshalb hat sie so oft zu uns *hergeglustet*. Sie wollte, dass mein Bruder zu ihr hinüberkomme, sodass sie ihn im Spiel heiraten könnte, aber er hatte keine Lust dazu.

Meine beste Freundin in dieser Quireiner Zeit hieß Melly Weber. Sie wohnte unter uns im Hochparterre. Ein langer, stockfinsterer Gang führte zu ihrer Wohnung. Sie besaß einen offenen Schrank mit Unmengen von Kleidern. Dort spielten wir gerne Verstecken oder mit unseren Puppen. Oft haben wir hier Theater gespielt. Ich spielte natürlich jedes Mal die Hauptrolle.

Ihre Eltern stammten nicht von hier. Ihre etwas ältere, sehr fromme Mutter besuchte täglich die Kirche. Der Liebling ihrer Mutter war Mellys großer Bruder Sepp, Sepplo genannt. Er war der älteste Sohn. Der andere Bruder und eine Schwester waren in London und hatten Anstellungen als Butler und Zofe. Sie brachten immer eine Schachtel englische Bonbons aus London mit. Ich bekam auch täglich ein Stück davon. Sogar einige von Mellys Kleidern stammten aus London.

Jeden Tag ging ich mit Melly den gemeinsamen Schulweg. Sie war ein schönes blondes Mädchen und artig noch dazu. Wenn man in der Schule nicht brav war, musste man zur Strafe draußen im Flur stehen. Das musste ich sehr oft, da ich gerne schwätzte. Wir mussten in der Klasse immer lange Strümpfe tragen, sogar im Sommer, nie durften wir mit Stutzen oder Socken die Schule betreten. Hier herrschte ein sehr frommer Geist, als ich die erste Klasse besuchte. Jeden Tag besuchten Melly und ich die heilige Messe.

Nikolausabend, Weihnachten und andere Kindheitserinnerungen

Mein Bruder Benno hat gerne *gespeckert* und ich spielte gerne *Tempelhüpfen*. Oft haben wir mit dem Ball gespielt, aber niemals Fußball, denn das hätte sich nicht gehört. Wir haben den Ball an die Wand geworfen und dazwischen zwei- oder dreimal geklatscht, oder wir haben ihn uns gegenseitig zugeworfen.

Zur Begrüßung von Erwachsenen machte ich brav einen Knicks und reichte unseren Gästen die Hand. Es gab kein Widersprechen, wir waren sehr brave Kinder.

Am 6. Dezember kam der Nikolaus zu uns nach Hause. Ich erkannte ihn nicht sogleich, denn es handelte sich um unseren Friseur. Ich war nur erstaunt, weil er alles über uns Kinder wusste. Draußen hörte man es rasseln, das war wohl der böse *Krampus*, vor dem wir uns fürchteten.

Weihnachten haben wir grandios gefeiert – ganz im Wiener Stil. Wir schmückten einen riesigen Christbaum mit Schleckereien und echten Wachskerzen. Einmal erhielt ich eine Käthe-Kruse-Puppe. Mein Vater war sehr großzügig mit uns, damals hat er überaus gut verdient. Bis ins Alter von fast elf Jahren habe ich an das Christkind geglaubt.

Meine Eltern habe ich niemals in Unterwäsche oder im Unterrock gesehen. Ich wurde erst sehr spät aufgeklärt. Bis dahin war ich überzeugt davon, dass der Storch die kleinen Kinder bringen würde. Einmal saßen wir Kinder auf der Kellertreppe und haben über das Thema Fortpflanzung diskutiert. Wir haben uns darüber beraten, weil uns die Sache mit dem Storch doch irgendwie merkwürdig schien, da wir noch nie einen bei uns in Bozen gesehen hatten. Doch wir hätten es nie gewagt, unsere Eltern direkt auf dieses heikle Thema anzusprechen.

In der Schule
Ich besuchte die Marienschule an der Ecke zwischen der Rauschertorgasse und der Maurergasse, der heutigen Wangergasse. Hier wurden wir von deutschen Klosterfrauen unterrichtet. Sie durften dies zwar nur in italienischer Sprache tun, aber sie erklärten uns alles in deutscher Sprache. Das war ein großer Vorteil für uns, da wir ja nicht besonders gut Italienisch verstanden. Einige Mädchen, die keinen italienischen Kindergarten besucht hatten, verstanden kein Wort. Wir haben in dieser Privatschule sehr viel gelernt. Mein Vater bezahlte das Schulgeld gerne für mich, da die Schule einen sehr guten Ruf hatte. Papi wollte, dass ich in so einem Ambiente aufwachse. Er behielt recht, es war eine sehr schöne Zeit, die ich hier verbrachte. Es war eine reine Mädchenschule, von der ersten bis zur fünften Klasse.

Mein Bruder hingegen besuchte eine italienische Grundschule, was schwierig für ihn war, da er fast nichts verstand. Meine Mutter konnte ihm leider nicht bei den Hausaufgaben helfen, da auch sie kein Wort Italienisch sprach.

Die Marienschule war sehr vornehm. Einige Kinder kamen täglich mit Wagen und Chauffeur zur Schule, und auch die junge Gräfin M. besuchte diese Schule.

Alle Zeugnisse wurden noch mit der Hand geschrieben. „Lodevole – lobenswert" stand nur selten bei mir darauf, eher wohl „sufficiente – ausreichend" – meine Zeugnisse waren leider nicht besonders gut. Ich habe nie gerne gelernt. „Du bist nur denkfaul, nicht dumm", pflegte Papa mich aufzumuntern. Heute tut es mir leid, dass ich nicht mehr gelernt habe. Der Schulstoff hat mich überhaupt nicht interessiert, ich wollte immer nur Theater spielen oder Handarbeiten machen.

Manchmal haben wir in der Schule Streiche gespielt, die mir heute noch leidtun. In der Marienschule hatten wir deutschen Religionsunterricht bei Pater Gandolf. Religion war das einzige Fach, das in unserer Muttersprache unterrichtet werden durfte. Dies hatte der Klerus durchgesetzt. Pater Gandolf haben wir ständig *gepflanzt*, der hat sich fast alles von uns gefallen lassen. Dann kam ein gewisser Pater Aufderklamm, bei dem haben wir uns nichts mehr getraut, weil er sehr streng war.

In dieser Klosterschule gab es einen Maestro Filippi, in den wir Mädchen alle verliebt waren. Beim Turnunterricht trug er keine Turnkleidung, sondern Knickerbocker. Wir waren fasziniert.

Rechts oben an der Talferpromenade lebte ein deutsches älteres Fräulein ganz allein. Dorthin hat mich Papa heimlich geschickt, damit ich auch die deutsche Sprache gut lerne. Das Fräulein hatte mehrere Schüler. Die Kuverts mit der Rechnung und dem Geld musste ich heimlich hin- und her transportieren, da es zu der Zeit des Faschismus verboten war, Deutsch zu unterrichten und zu lernen. Aber ich hatte wie immer Glück, nie hat mich jemand erwischt. Als gute Theaterspielerin wusste ich natürlich, wie man sich unauffällig benimmt. Einige dieser sogenannten Katakombenlehrer sind sehr schwer bestraft worden, deshalb mussten wir ständig auf der Hut sein und durften niemandem erzählen, was wir da taten.

Sommerfrische am Ritten
Als mein Vater noch gut verdiente, verbrachten wir wie die meisten „besseren" Familien die Sommerferien am Bozner Hausberg Ritten. In Bozen selbst war und ist es im Sommer oft unerträglich heiß. Deshalb begaben wir uns gerne in die Sommerfrische. Am 29. Juni, zu Peter und Pauli, zogen wir mit Sack und Pack hinauf, und erst zum Schulanfang Anfang Oktober kamen wir wieder zurück. Mama und wir drei Kinder wohnten bei Bauern, wo es nicht zu teuer war. Vater blieb alleine in der heißen Stadt zurück. Oft wohnten wir beim Miglerhof in Oberbozen. Ich habe sehr schöne Erinnerungen daran.

Überall waren Sommerfrischler, und wer Geld hatte, baute sich eine Villa. Es gab schon die Rittnerbahn, damals waren die Waggons aus braunem Holz und hatten ein weißes Dach. Die Bahngleise verliefen bis nach Maria Himmelfahrt. Man konnte bequem am Waltherplatz einsteigen und direkt auf den Ritten fahren. Auf halbem Weg blieb die Bahn stehen, eine große Zugmaschine kam und zog sie den Rest der Strecke hinauf. Einige Passagiere pflegten während dieser Fahrtpause auszusteigen und *Schwammerln* zu suchen. So lange dauerte es, bis die Bahn an die Lok angeschlossen wurde.

Wir spielten sehr gerne *Versteckulus* am Ritten. Ansonsten kletterten wir auf die Bäume, bis wir ganz oben am Gipfel waren. Ich war gerne auf den Bäumen und habe zwischen den Ästen sitzend gelesen. Das fand ich sehr abenteuerlich. Auch sonst haben wir fast ständig im Freien gespielt.

Der Rittner Freund unserer Dienstmagd Marie ging oft zum „Froschen". Mit einer Angel hat er die Frösche gefangen, dann gebraten und gegessen. Des Öfteren kam er mit seinen frisch gefangenen Fröschen zu uns, und wir mussten dann die gebratenen Froschhaxen verspeisen. Das galt damals als Delikatesse. Ich aber grauste mich fürchterlich davor und musste trotzdem kosten. Ich mag keine Frösche.

Vis-à-vis vom Messnerhof in Siffian, in dem wir mehrere Sommer verbrachten, befand sich der Mairhof. Die Kinder, die hier wohnten, durften nie mit uns spielen, denn wir waren ihnen wohl nicht gut genug. In meiner Kindheit wurden alle nach Stand und Vermögen eingeteilt, das fing schon bei den Kindern an. Interessant ist, dass ausgerechnet eines jener Mädchen, die sich nicht mit uns abgeben durften, die Mutter meines Schwiegersohnes geworden ist. So ändern sich die Zeiten.

Ein Holzhäuschen neben unserem Haus wurde vermietet. Einen Sommer wohnte dort eine Zeit lang eine Urlauberin aus Deutschland. Sie pflegte, nur mit Unterrock bekleidet, in der Sonne zu baden. Meine Mutter fand das grauenhaft, und wir durften nicht zu nahe hingehen. Deshalb versteckten wir Kinder uns heimlich im Gebüsch, wo wir die fast nackte Dame unbemerkt beobachten konnten. Wirklich grauenhaft.

Als ich elf Jahre alt war, bekam Mama meinen kleinen Bruder. In trug ihn in einem Steckkissen umher. Das war sehr praktisch, die *Popelen* lagen geborgen in einem Kissen, das man ganz einfach in den Kinderwagen legen konnte.

Für meinen kleinen Bruder habe ich eine schöne Wagendecke aus weißer Wolle gehäkelt. Dafür habe ich viele Stunden aufgewendet. Dieselbe Decke häkelte ich für meine Puppen. Den Rand habe ich in Gold gestickt. Das hatte mir eine Italienerin, die gerade in Siffian weilte, empfohlen. Die Decke wurde wunderschön.

In Siffian durften wir sogar die Kirchturmglocken läuten, auch das war etwas Besonderes für uns.

In der Museumstraße

Einige Jahre später sind wir vom schönen Haus in Quirein in die Museumstraße umgezogen, da wir in der schlimmen Zeit der Wirtschaftskrise fast kein Geld mehr hatten. Die jüdische Firma, bei der mein Vater angestellt gewesen war, ging während der Zeit der Nationalsozialisten in Konkurs. Als Folge mussten alle entlassen werden, auch mein Vater, der von einem Tag auf den anderen arbeitslos war. Er musste wohl oder übel in seine Heimatstadt Wien zurückkehren, um Geld für seine Familie zu verdienen. Wir hingegen blieben vorerst in Bozen zurück.

Im selben Haus wohnte auch der Lehrer Deluggi. Mein Bruder ist fast jeden Tag zu ihm hinaufgegangen und hat bei ihm Italienischstunden genommen.

In unserer Wohnung haben wir das schönste Zimmer vermietet. Wir hingegen wohnten zu viert im finstersten Zimmer. Es ging uns wirklich schlecht in dieser Zeit.

Während der Zeit des Zweiten Weltkrieges haben wir oft tagelang *Schwammerln* gegessen. Wir haben Lebensmittel bei den Bauern eingetauscht. Geld wollten sie keines, da es ja kaum noch Wert hatte, also musste ich meine geliebten Puppen opfern. Diese nahmen sie gerne als Tauschware an. Da flossen viele Tränen, denn ich konnte das alles noch nicht verstehen.

Wir Kinder mussten Stanniolpapier schönglätten, dann wurde es für die Mission gesammelt. Beim „Ringler" unter den Lauben haben wir uns manchmal um 20 Centesimi ein *Sackl* Kuchenabfälle gekauft – die schmeckten köstlich. In unserer Familie war ja leider nicht mehr genug Geld da.

Es war nicht Sitte, dass Kinder Geld bei sich trugen. Die beiden Schwestern Frieda und Hilde, die ich von der Schule aus kannte, hatten hingegen ständig Geld bei sich. Sie kauften sich damit häufig *Pappelen*, aber abgegeben haben sie uns davon nichts.

Oft haben wir uns einen 1-Lire-Wecken gekauft. Der Lehrer Rottensteiner in der Museumstraße hat Stockfisch in Wasser *eingefrischt* und ihn an der Straße verkauft. Direkt bei der Haustür. Rechts davon befand sich das „Foradori"-Geschäft, in dem es Drogerieartikel und ähnliche Sachen zu kaufen gab.

Es herrschte große Not zu dieser Zeit. Schließlich mussten wir auch diese Wohnung verlassen.

Theater spielen

Meine Firmpatin war ein sehr frommes Fräulein, sie gehörte dem Dritten Orden an. Wir durften bei den Kapuzinerpatern im Theresiensaal Theater spielen. Das war etwas Besonderes – endlich vor einem größeren Publikum auftreten. Allerdings durften wir ausschließlich Heiligengeschichten spielen. Die heilige Theresia, die heilige Elisabeth und die heilige Notburga habe ich dargestellt. Die Buben hingegen haben im Gesellenhaus gespielt, nie hätten wir gemeinsam spielen dürfen. Unsere Vorstellungen waren immer gut besucht, viele Mütter mit ihren Kindern schauten sie sich an. Als ich die heilige Theresia darstellte, musste ich zum ersten Mal auf der Bühne sterben. Mein kleiner fünfjähriger Bruder war mit im Publikum. Er war völlig mitgenommen und rief: „Anny, bitte nicht sterben!"

Ich war begeistert von den Kinofilmen mit Shirley Temple, die damals gerade liefen. Shirley Temple hat als Kind unzählige Filme gedreht. Zwei Lire hat der Eintritt gekostet. Das Kino befand sich am Ende der Kapuzinergasse. Es gab ausschließlich italienischsprachige Filme zu sehen. Ich stand vor dem Spiegel und schaute auf meine langweiligen Zöpfe. Mein Wunsch war es, ebenso schöne Locken wie Shirley Temple zu haben. Aber meine Eltern hätten mir das nie erlaubt.

In der Schule habe ich gerne Prologe aufgesagt. Ich wollte Märchen vorspielen. Einmal haben wir eines einstudiert. Ich durfte den Prinzen spielen, das Gewand habe ich selber aus einem alten Schlafrock geschneidert. Ich war elf oder zwölf Jahre alt. Meine Firmpatin hatte das Stück mit mir einstudiert.

Bei der Generalprobe erschien plötzlich der Pater Guardian. „Was ist denn das?", fragte er entsetzt, als er mich erblickte. „Ein Mädchen mit Hosen? Nein, niemals, das gestatte ich nicht."

Ich kniete vor ihm nieder und habe ihn angefleht, spielen zu dürfen. Aber es nützte nichts – er blieb hart. Das Stück durfte nicht aufgeführt werden.

Die Pater hatten damals Klausur, gewisse Räume durfte man nie betreten. Ein Fenster lag zum Klostergarten hin, aber ich hätte mich nie getraut, hinaus zu den Patern zu schauen. Jetzt haben sie einen Park daraus gemacht.

Späte Kindheit

Meine Firmpatin hatte ich beim Chor kennengelernt. Sie war eine Bozner Bürgerin namens Bogner. Sie hat mir sogar eine Privatschule bezahlt, die „Berlitz"-Schule, damit ich neben der Theaterspielerei etwas Ordentliches lernen würde. So habe ich unter anderem *Kurrentschrift* gelernt.

Während des Krieges verschaffte mir meine Firmpatin eine Stelle bei der Ein- und Rückwandererstelle, die während der *Optionszeit* sehr wichtig war. Hier kamen mir meine Kenntnisse aus der Schule zu Hilfe. Mein Vorgesetzter war Oberstleutnant Clarsen, ein angenehmer Chef. Ich hatte eigentlich nie geplant gehabt, in einem Büro zu arbeiten, aber es war damals nicht leicht, überhaupt eine bezahlte Arbeit zu bekommen. Viele Menschen arbeiteten nur für Kost und Logis. Das Büro der Ein- und Rückwandererstelle durfte ich bei Festen dekorieren. Das hat mir gut gefallen, wie alles Künstlerische. Ich war 15 oder 16 Jahre alt. Damals habe ich gerne Gedichte geschrieben. Ich wollte etwas schaffen, etwas darstellen.

Noch in Bozen hatte ich einen netten jungen Mann aus der Nachbarschaft kennengelernt, der Leutnant bei den Italienern war. Er war ein Freund der Familie und hat mir sehr gut gefallen. Obwohl ich noch blutjung war, hat er mit mir geredet wie mit einer Erwachsenen – ich habe lange und gerne mit ihm diskutiert. Er hatte mich wohl ebenfalls sehr gerne. Einmal brachte er mir sogar ein paar Frühlingsblumen mit, die er eigenhändig für mich gepflückt hatte, ein paar zartgelbe Himmelschlüssel. Mit ihm führte ich hochtrabende Gespräche über Literatur und Kunst. Papa war ja die letzten Jahre nicht mehr bei uns gewesen. Und Mama war zwar sehr tüchtig, aber nicht besonders intelligent und nicht belesen.

Als mein Vater noch vor dem Krieg in Wien eine wirtschaftlich interessante Stelle gefunden hatte, planten wir, endlich wieder als Familie vereint zu werden. Er hatte eine Stelle als Verwalter in einer Schuhgroßhandlung bekommen, die vorher ein älterer Jude innehatte. Was mit dem passiert ist, kann ich nur vermuten – ich hoffe, dass meine schlimmsten Befürchtungen nicht der Wahrheit entsprechen. Mami zog schließlich mit uns Kindern nach Wien – samt allen Möbeln und Unmengen von Gepäckstücken.

Der hübsche Bozner Leutnant hat geheiratet, als ich schon länger in Wien lebte. Als ich davon erfuhr, habe ich mir aus Wut die Zöpfe abgeschnitten. Ich war so zornig – über den Krieg, die Politik, die uns auseinandergerissen hatte, über seine Frau und natürlich über ihn. Ich konnte mich vor lauter Wut kaum beruhigen. Echten Liebeskummer hingegen hatte ich nie, denn ich war eine ausgesprochene Frohnatur.

Meinen 18. Geburtstag – wir waren erst mit 21 volljährig – habe ich in Wien bei Bekannten gefeiert, gemeinsam mit meiner Tante. Ich kam erst nach Mitternacht heim, weswegen ich von meinem Vater mit einer saftigen Ohrfeige empfangen wurde.

Ich habe nie Angst gehabt. In Wien war ich Mitglied beim „Bund deutscher Mädel BDM". Da bekam ich eine Uniform und durfte an Heimabenden teilnehmen. Dabei wurde uns das Buch „Mein Kampf" erklärt, aber ich habe von vorn bis hinten nichts verstanden, da es völlig unverständlich geschrieben war. Es hat mich überhaupt nicht interessiert.

Manchmal mussten wir geschlossen um 6 Uhr früh ein paar „Großkopfete" vom Bahnhof abholen. Das hat mir auch nicht gefallen. Schließlich habe ich zu der Gruppenleiterin gesagt, es wäre netter, wenn wir basteln und stricken könnten oder Theater spielen. Als sie das ablehnten, bin ich einfach ausgetreten. Niemand beschwerte sich darüber. Ich wurde von nun an in Ruhe gelassen. Das war einfach nichts für mich gewesen.

Als ich 19 Jahre alt war, sind die Russen in Wien einmarschiert. Einen Russen habe ich besser kennengelernt. Er sprach sehr gut Deutsch. Ich habe seine Uniform geflickt. Er war wie ein väterlicher Freund für mich, wir sind uns aber nie nähergekommen. Oft hat er sich mit mir über die Schrecken des Krieges unterhalten, denn er war sehr niedergeschlagen. Erst als ich schon länger wieder in Südtirol war, erfuhr ich, dass ich in Wien wegen dieser Freundschaft als „Russensau" bekannt war. Ich hatte jedoch sogar in dieser Situation Glück, nie hat mich ein Russe angerührt.

Erst nach dem Krieg bin ich wieder nach Südtirol zurückgekehrt.

Anny Sch. lächelt. „Ich sollte nur von meiner Kindheit berichten, weil dies das Thema dieses Buches ist. Trotzdem, ein paar Einblicke wollte ich auch in meine frühen Jugendjahre geben, weil sie einfach zu mir gehören." Gedankenverloren blickt sie in die Ferne.

Anny Sch. wurde später eine der bekanntesten Bozner Theaterspielerinnen. Gemeinsam mit Gustl Untersulzner und anderen Schauspielern hat sie an zahlreichen Inszenierungen mitgewirkt. Bis vor einigen Jahren stand sie auf der Bühne und war im ganzen Land bekannt.

Schließlich sagt sie: "Ich habe immer Glück im Leben gehabt. Die Faschisten, die Nazis und später die Russen – nie hat mir jemand etwas angetan. Und auch in wirtschaftlich harten Zeiten habe ich mich nicht unterkriegen lassen. Ich war eben ein Glückskind."

S. M. E.

Leben auf dem Hof

Luise P, geb. 1927 in Terenten

Ich bin 1927 als jüngstes Mädchen von sieben Kindern in Terenten im Pustertal geboren und mit vier Brüdern und zwei Schwestern aufgewachsen. Zu neunt lebten wir auf unserem Bauernhof.

Die Höfe lagen rund eine halbe Stunde Fußmarsch von der Kirche entfernt. Wer zu uns wollte, musste zu Fuß über einen schmalen Weg heraufkommen, denn eine Straße gab es noch nicht. Hier oben war das Gelände flach. Das Haus war von mehreren Apfelbäumen umgeben, jeder trug eine andere Sorte. Zu ernten gab es bei den Bäumen zwar nicht viel, doch für den Eigenbedarf reichte es. Des Weiteren bewirtschafteten wir noch einige steilere Wiesen. Das Leben von meiner Mutter und uns Kindern spielte sich mehr oder weniger auf dem Hof, im Stall, auf den Feldern und in der Kirche ab. Dies war unsere Welt. Wir waren nicht reich, aber auch nicht arm, denn wir hatten immer genügend zu essen und ein Gewand sowie Schuhe zum Anziehen.

Trotzdem musste an allen Ecken und Enden gespart werden, denn das Geld war knapp. Doch Geld hatte damals einen anderen Wert. Wichtiger waren vielmehr die Gesundheit der Tiere im Stall und die Erträge auf den Feldern, denn davon lebten wir. Heute würde man sagen, wir waren die reinsten Selbstversorger. Auf den Feldern wurde Roggen angebaut, Weizen, Hafer, Buchweizen, Gerste und, nicht zu vergessen, die Kartoffeln, die machten einen Großteil unserer Ernte aus.

Da die Eltern keinen Knecht und keine Magd im Dienst hatten, mussten wir Kinder mit anpacken, kaum dass wir einen Fuß heben konnten. Die tägliche Arbeit war genau eingeteilt. Wir Mädchen arbeiteten in der Küche, lernten mit der Mutter kochen, spülten das Geschirr ab, mussten den Boden spülen, für die Hennen und Schweine sorgen und den Segen vom Pfarrer ins Haus bringen. So ging eine meiner Schwestern jeden Morgen nüchtern eine halbe Stunde ins Dorf hinunter zur Sechsuhrmesse. Die Mutter verband diesen notwendigen Weg stets auch mit dem Praktischen, so konnte sie auf dem Heimweg gleichzeitig im Dorfladen einkaufen und mitnehmen, was auf dem Hof für den täglichen Gebrauch nötig war, denn es gab ja noch keinen Kühlschrank.

Nicht, dass wir anderen in der Früh noch lange hätten weiterschlafen können. Oh nein, auch wir mussten in aller Herrgottsfrühe aufstehen und uns an die Arbeit machen. Im Stall standen zwischen zwölf und 14 Kühe, etwa 20 Schafe, Hennen und Schweine, und alle warteten bereits auf ihr Futter.

Die Frauen versorgten als Erstes die Schweine und Hennen, während die Männer zum Melken und Ausmisten in den Kuhstall gingen. Dann wurde in der Küche das Frühstück gekocht, der *Formes*. Es gab nicht etwa Brot mit Butter und Marmelade, der *Formes* war immer eine gekochte warme Mahlzeit. Entweder eine Brennsuppe aus in Butter angeschwitztem Mehl, Salz und Wasser oder warme Milch mit Roggenbrotstückchen, den *Bräcke*, und manchmal auch geröstetes Milchmus vom Vortag. Gegessen wurde, wenn die Männer aus dem Stall kamen. Danach ging die Arbeit wieder weiter. Auf dem Hof gab es immer etwas zu tun, auch wenn wir vielleicht nicht alle Arbeiten gleich schnell und manchmal auch etwas weniger machten.

Neben der Feld- und Vieharbeit sammelten wir im Spätsommer Pilze, Preiselbeeren und Schwarzbeeren. Ein Teil wurde zu Marmelade eingekocht, aus den Schwarzbeeren allerdings machten wir Wein. Die gesammelten Beeren wurden Ende Juli in einem *Panzele* angesetzt, mit Sacharin versetzt, weil dieser viel billiger war als Zucker, und für mehrere Wochen gelagert. Der Wein war spritzig und süß und hielt bis zum Herbst. Obst gab es nur wenig, Gemüse aßen wir den Sommer über, im Winter war es jedoch Mangelware. Außer Kraut, das selbst geschnitten wurde, gab es wenig. Wir hatten Sauerkraut und Rübenkraut. Letzteres wurde roh angerichtet, das Sauerkraut wurde hingegen gekocht. Wir hatten viele Krautköpfe. Die härtesten wurden im Keller gelagert und so gab es auch in den kalten Monaten manchmal frischen Krautsalat.

Wir besaßen eine Mühle und backten unser Brot selbst. Das Weißbrot allerdings haben wir gekauft. Es wurde nur zum Knödelmachen genommen. Wir haben zwar auch Weizenbrot mit unserem eigenen Mehl gebacken, doch unser Mehl war nicht so fein und die Knödel schmeckten mit diesem Brot nicht gut. Hinzu kam, dass es im Nachbardorf einen Bäcker gab. Dreimal in der Woche machte die Bäckersfrau mit einem großen *Buggelkorb* voller Weißbrot auf dem Rücken ihre Runde von Hof zu Hof und rief: „Bäuerin, brauchst du Brot?" Sie ihrerseits kaufte Butter und Eier und nahm diese mit ins Tal.

Als meine Brüder noch kleiner waren, blieb der Vater die ganze Zeit über auf dem Hof. Später jedoch, als sie mit anpacken konnten, war er viel auswärts, denn er kannte sich gut aus beim Vieh und wurde immer wieder geholt, um einem kranken Tier zu helfen. Da sagte er nicht Nein, auch wenn die Bauern meistens kein Geld hatten, um ihn zu bezahlen. Oft ging er sogar zu Fuß bis ins Pfunderer Tal, um bei der Geburt eines Kälbchens zu helfen. Gleichzeitig war er ein passionierter Jäger und arbeitete zudem noch als Holzhändler. Schon allein deshalb musste er immer wieder nach Vintl hinunter. Kurzum, er war gern unterwegs, und weil er der Bauer war, wurde dies auch nicht infrage gestellt.

Die Mutter war eine strenge und sehr fleißige Frau, mit dem Herzen am rechten Fleck. Ich kann sagen, dass wir eine schöne Kindheit hatten. Wir mussten keine Schläge aushalten. Sie spielte gerne Karten und „Mensch ärgere dich nicht". Sie hatte ein Herz für die Armen, sodass es dem Vater manchmal zu viel wurde und er schimpfte. Da meinte sie nur: „Die rechte Hand muss nicht immer wissen, was die linke tut." Im Unterschied zu heute waren auf jedem Hof mehr Kinder und wir spielten viel zusammen. Im Sommer saßen alle vor der Haustüre, kam einer vorbei, setzte er sich nieder und redete mit. Die Kinder sausten derweil von einem Hof zum anderen, spielten in den Wiesen und sammelten Himmelschlüssel. Nachbarschaft und gegenseitige Hilfeleistung war selbstverständlich. Beim Roggenschneiden und Heumähen half man sich gegenseitig. Ein Nachbarsbub hat uns in den Kriegsjahren viel geholfen, da er als einer der wenigen nicht einrücken musste, weil er zu klein war.

Wir mussten zusammenhalten, denn die Wege zu den großen Dörfern waren weit. Um nach Bruneck oder Brixen zu kommen, mussten wir zum Bahnhof nach Vintl gehen. Schon der Fußmarsch nach Vintl dauerte rund eine Stunde. Hier war der Zahnarzt. Der Amtsarzt war in St. Lorenzen. Wem etwas Gröberes fehlte, der musste dorthin. Dabei stimmt es ganz und gar nicht, dass den Leuten früher nichts fehlte. Besonders im Winter waren viele krank. Auch Kinder sind viele gestorben, besonders Babys. Schuld daran war die Kuhmilch, doch das wusste man nicht, denn jene Mütter, die keine eigene Muttermilch hatten, haben den Kindern einen dicken Brei mit Kuhmilch gemacht. Daran sind diese dann gestorben. Wenn ich heute über unseren Friedhof gehe, so sehe ich selten ein Kindergrab. Damals gab es einen eigenen Friedhofsteil nur für die Kinder. Manchmal starben auch mehrere Kinder innerhalb einer Familie. Allein schon die Geburt eines Kindes konnte für das Neugeborene oder die Mutter mit dem Tod enden. Bei uns war eine alte Hebamme unterwegs, die tat, was sie konnte. Wegen einer Niederkunft kam jedenfalls kein Arzt auf den Hof.

Die Schulzeit

Mit sechs Jahren ging ich in die italienische Volksschule. Diese dauerte den ganzen Tag lang. Wir hatten einen Lehrer, der zwar nicht sehr streng und hart war, doch die Schule und vor allem die Hausaufgaben waren nicht einfach, denn er sprach nur Italienisch, meine Eltern zu Hause hingegen nur Deutsch. Der Lehrer gehörte neben dem Pfarrer und dem Bürgermeister zu den drei wichtigsten Amtspersonen im Dorf. Vor denen hatte man ohne Wenn und Aber Respekt zu haben. Bei den italienischen Lehrerinnen, die später kamen, war es schon ein wenig anders. Die älteren Schüler haben oft im Schulhof gerauft und die Lehrerinnen konnten nichts dagegen unternehmen, denn mit den Eltern konnten sie sich ja nicht verständigen.

Im ersten Schuljahr gab es eine eigene Klasse nur für meinen Jahrgang. Danach wurde aus unserer Schule eine Außenschule mit einer Klasse, in der fünf Jahrgänge zusammengelegt wurden. Nun waren wir zwischen 35 und 40 Kinder in einem Raum und eben diesem einen Lehrer. Er wohnte mit seiner Frau im Dorf. Sie unterrichtete nicht offiziell, doch sie gab uns Mädchen nach der Schule Handarbeitsunterricht. Bei ihr lernten wir Fäden einfädeln, Knöpfe annähen, Knopflöcher nähen, Deckchen aussticken. Kurzum: Sie brachte uns die Grundlagen des Nähens bei. Natürlich haben wir im Winter auch zu Hause stricken gelernt, doch mit den vielen Kindern auf den Höfen hatten die Bäuerinnen wenig Zeit, ihren Töchtern die Handarbeit genau zu zeigen. Daher waren sie über den Unterricht der Lehrersfrau froh.

Nur das letzte Schuljahr, mit 13 Jahren also, habe ich deutschen Unterricht gehabt. Das war eine große Umstellung für uns, obwohl wir bereits Deutsch lesen konnten. Das hatte uns die Mutter heimlich beigebracht. Weniger aus politischer Überzeugung, vielmehr aus Zeitersparnis wegen des Pfarrers. Dieser verlangte, dass die Kinder den Katechismus, das einzige erlaubte deutschsprachige Buch in jener Zeit, auswendig lernen mussten. Die Mutter aber hatte keine Zeit, neben uns zu sitzen, um uns ständig aus dem Katechismus vorzulesen. Viel einfacher und schneller war es doch, uns Kindern das Lesen beizubringen, so brauchte sie uns nur noch am Abend abzufragen. Neben dem Katechismus gab es in deutscher Sprache noch den „Volksboten" und das „Antoniusblatt". Ein Radio oder einen Fernseher gab es nicht. Daher wurde der „Volksbote" fleißig studiert, denn er war neben den Geschichten, die die Krämer erzählten, der einzige Kontakt zur Außenwelt. Was in den anderen Tälern vor sich ging, erfuhren wir über die Händler.

Die Kleiderordnung

Ich besaß ein Kleid und eine Schürze für die Schule. Diese wurde zu Hause gleich wieder ausgezogen und mit einem Werktagsgewand getauscht. Die Kleider für uns Mädchen hat die Mutter selbst genäht. Den Stoff hat sie von Fleimstaler Krämern gekauft, die mehrmals im Jahr von Hof zu Hof gingen und ihre Stoffe anboten. Für die Kleider der Männer jedoch kam der Schneider ins Haus. So wie der Schuster ging auch er auf Stör. Er kam mit seiner Nähmaschine, nahm Maß, stellte in einer Ecke unserer Stube seine Nähmaschine auf und blieb so lange auf dem Hof, bis die Arbeit fertig war.

Genauso war es mit dem Schuster. Auch er kam ins Haus und machte die Schuhe. Sie waren grob und unbequem, aber immerhin hatte jeder von uns seine eigenen Schuhe. Dies konnte in jener Zeit nicht jede Familie von sich sagen. Es gab viele arme Familien, in denen die Kinder im Winter zu Hause warten mussten, bis die Geschwister von der Schule heimkamen, um dann deren Schuhe anziehen zu können. Auch in unserer Nähe lebte eine sehr kinderreiche arme Familie. Eine Tochter hatte bald Erstkommunion und war verzweifelt, da sie keine Schuhe besaß. So kam sie zu meiner Mutter und jammerte und weinte. Die Mutter rief mich und ich musste meine besten Schuhe ausziehen und sie ihr schenken. Zu mir sagte die Mutter dann: „Du hast ja noch ein Paar und bekommst ja wieder welche." Gefallen hat mir das trotzdem nicht.

Überhaupt war die Garderobe im Schrank recht überschaubar. Unterwäsche gab es nur wenig. Ein richtiges Unterleibchen bekam ich erst mit 17 Jahren. Vorher gab es Leibchen aus einem dünnen Stoff, der bei den Frauen unter der Brust etwas eingenäht wurde, um mehr Halt zu geben, denn es gab zu dieser Zeit noch keine Büstenhalter. Da musste sich halt jede selbst etwas einfallen lassen. Über dem Kleid trugen wir eine Schürze, um das Kleid zu schonen. Ich besaß mehrere Kleider für den Wochengebrauch und ein Sonntagsgewand, das an den normalen Sonntagen zum Besuch der Kirche getragen wurde. Das beste Gewand wurde für den Kirchenbesuch an hohen Kirchenfesttagen wie Ostern oder Weihnachten aufgehoben. Darüber trugen wir einen gestrickten *Jangger* und ein Tuch. Diese Tücher waren schwarz- oder braunkariert, ähnlich einer Decke und zwei Meter lang. Wenn man ins Dorf hinunterging, wurden sie umgelegt und mit einer Schärpe getragen. Das hielt richtig warm.

Zur Messe am Sonntag gingen alle gemeinsam. Dies war immer eine lustige Sache und die einzige Gelegenheit, dass die Burschen und die Mädchen sich näherkommen und necken konnten. Am Sonntag gingen wir sogar zweimal zur Kirche, einmal am Vormittag und dann wieder am Nachmittag.

Winterzeit

Im Winter hatten wir normalerweise zwischen 50 Zentimeter und einem Meter Schnee. Die einzige Ausnahme, an die ich mich erinnere, waren die Kriegsjahre. Da fiel im Winter nur wenig Schnee. Wenn es jedoch schneite, musste jeder beim Schneeschöpfen helfen, damit man zum Stall und zum Weg gelangen konnte. Den Weg selbst hat ein anderer Bauer mit einem Holzpflug und einem Ross freigelegt. So konnten wir in die Schule und in die Kirche gehen.

Der Winter war die Zeit, in der die Wolle der Schafe aufgearbeitet wurde: zum Stricken der Strümpfe und zum Weben für lodene Hosen und Jacken. Die Strümpfe bissen fürchterlich. Sie gingen bis unter die Knie und hingen an einem Strumpfgürtel, der um den Leib gebunden wurde, fest. Darüber trugen wir einen Rock. Kalt hatten wir dennoch, aber das hielt uns nicht davon ab, trotzdem mit der Rodel über den Schnee zu sausen, auch wenn er unter den Rock rutschte und die Oberschenkel ganz blau wurden vor Kälte. Neben der Schafswolle wurde der Werch, auch Flachs genannt, gesponnen. Diesen hat der Vater auf einem Feld angebaut und im Herbst geerntet. Wenn wir mit dem Spinnen fertig waren, riefen die Eltern den Weber, denn wir besaßen einen eigenen großen Webstuhl. Er wirkte die Stoffe in Lodenstoffe und Tücher und lebte so lange auf dem Hof, bis seine Arbeit getan war. Dann zog er weiter zum nächsten Hof.

Die Bereiche der Mädchen und jene der Buben waren strikt getrennt. Die Buben schliefen in einer Kammer und wir Mädchen schliefen in einer anderen. Wenn es ganz kalt war, haben wir einfach Ziegel in den Ofen gelegt und die warmen Ziegel dann mit ins Bett genommen. Gewaschen haben wir Mädchen uns in der Küche, die Buben aber mussten hinaus zum Brunnen.

Im Haus selbst gab es noch kein fließendes Wasser. Dieses wurde über Holzrohre von der Quelle zum Brunnen, der auf dem Hof stand, geleitet. Der Vater hat mit anderen Bauern im Wald spezielle Bäumchen gesucht, die dann mit langen Bohrern von beiden Seiten durchbohrt wurden. Das Wasser wurde anschließend in einer Wiese gefasst und über diese Holzrohre zu drei Höfen geleitet. Erst mit den Eisenrohren kam das Wasser ins Haus. Für die Abendstunden hatten wir Petroleumlampen. Während des Krieges wurde das Petroleum reduziert und wir erhielten Karbidlampen. Die brannten zwar viel heller, aber sie stanken dafür umso mehr. Im Stall konnte man sie gar nicht gebrauchen, denn die Gefahr eines Brandes war viel zu groß.

Kriegszeit
Meine vier Brüder mussten alle in den Krieg. Mein jüngster Bruder war 18, als er einrücken musste, und er kehrte nicht mehr zurück. Der andere war 1921 geboren und kam auch nicht mehr zurück. Mein ältester Bruder diente 18 Monate lang für die Italiener in Palermo. Während dieser Zeit besuchte er uns nur dreimal, denn sein Lohn war sehr bescheiden. Als er 1939 nach Terenten zurückkam, hatten meine Eltern sich gerade für die Option entschieden. Die Folge war, dass er bereits nach wenigen Monaten zur Deutschen Wehrmacht einberufen wurde und erst 1945, mehrere Monate nach Kriegsende, wieder nach Hause kam. Wir sind letztendlich doch nicht ausgewandert. Der Vater wäre schon gegangen, aber die Mutter wollte auf dem Hof bleiben.

Mit dem Krieg wurden die Zeiten härter. Meine Brüder waren fort und der Vater, der nicht mehr jung war, musste wieder mehr auf dem Hof arbeiten. Hinzu kam die Steigerung der Abgaben, die die Bauern in Form von Korn, Butter und Vieh zu leisten hatten. Natürlich haben wir den einen oder anderen Sack Korn vor den Beamten versteckt. Man wusste immer, wenn der Viehzähler unterwegs war, und nicht selten sah man dann in aller Herrgottsfrühe, wie Kühe im Wald versteckt wurden. Wir besaßen hinter dem Stall einen dunklen Raum, in dem wir zwei, drei Kühe verstecken konnten. Wichtig war nur, dass die Tiere genug zu fressen hatten und der Viehzähler kein Schreien und Stampfen hörte.

In dieser Zeit kam das Elektrische. Das war vielleicht etwas Besonderes. Die ersten beleuchteten Gebäude waren die Kirche, die Gasthäuser, das Geschäft und das Haus des Pfarrers. Ein Schmied hat am Bach ein kleines Stromwerk gebaut, mit dem er die umliegenden Häuser versorgen konnte. Später kamen durch das Organisationstalent eines Kooperators vier große Transformatoren nach Terenten, die aus dem Stausee von Mühlbach gespeist wurden. Es waren vier Paar Rosse notwendig, um die schweren Geräte nach Terenten zu transportieren. Dann wurden die Leitungen auch zu unseren Höfen gelegt. Mit dem Strom kam das Radio. Nun konnten wir die Kriegsnachrichten hören. Die waren wichtig, denn schließlich waren alle jungen Männer im Krieg.

Die Schwestern

Meine zweite Schwester lernte mit 17 Jahren Schneiderin. Im Winter hat sie in unserer Stube viel geschneidert. Sie hatte manchmal zwei, drei Lehrmädchen, die über die

Wintermonate gelernt haben, eine Bluse und ein Hemd zu nähen. Nachdem gerade in dieser Zeit Mäntel in Mode gekommen waren, hatte sie viel zu tun. Später heiratete sie einen Schneider und zog fort. Eine Zeit lang sind meine Schwestern am Sonntag zum Handarbeiten immer zu einem Cousin gegangen, der nebenbei auch Ziehorgel spielen konnte. Dieser wohnte rund 20 Minuten entfernt. In Wirklichkeit aber wurde nicht gestickt, sondern getanzt. Der Vater, der nie erlaubt hätte, dass eine seiner Töchter zum Tanzen ausging, kam zwar nicht zum Kontrollieren, doch er ahnte, was vor sich ging, und duldete das Vergnügen. Mich haben die beiden nicht mitgenommen, denn sie waren immerhin neun und zwölf Jahre älter als ich.

Meine älteste Schwester zog später zu meiner Tante und nach fünf weiteren Jahren ging sie nach Bruneck zu einem Onkel. Dieser hatte mehrere Höfe in Pacht. Auf einem dieser Höfe arbeitete sie als Köchin und lernte ihren späteren Mann kennen. Gemeinsam pachtete sie mit ihm einen Hof und sie schafften es, ein eigenes Haus aufzubauen.

Und die Jüngste? Die hat auf dem Hof zu bleiben und zu folgen

Als meine Schwestern weg waren, war es ganz selbstverständlich, dass ich auf dem Hof bleiben musste und nichts lernen durfte. Ich war die Jüngste und hatte ganz einfach zu folgen. Meine Mutter hätte zwar gern gehabt, dass ich Verkäuferin würde. Doch durch den Krieg waren alle jungen Männer fort. Auf dem Hof lebten nur noch die Mutter, der Vater, meine ältere Schwester und ich. So vergingen die Jahre meiner Jugend, in denen ich viel arbeitete, doch keinen wirklichen Beruf lernte.

Als zwei meiner Brüder zurückkamen, waren sie heilfroh, wieder ein Dach über den Kopf und etwas zum Essen zu haben. Sie waren nur für kurze Zeit in Kriegsgefangenschaft und kehrten beide noch 1945 auf den Hof zurück. Mein älterer Bruder übernahm einige Jahre später den Hof, der Jüngere blieb als Knecht und heiratete nicht. Er hätte sich in dieser Zeit, wie so viele andere auch, keine Familie leisten können und musste froh sein, bleiben zu dürfen. Damals war es nicht selbstverständlich, dass alle Kinder der Bauern eine Familie gründeten, denn außer der Landwirtschaft gab es keine Arbeit und somit kein Geld. Wer den Hof nicht übernehmen durfte, blieb unweigerlich Knecht.

Nur manchmal, bei den großen Höfen, gab es Zuhäuschen, wo der Knecht eine Wohnung bekam und mit einem geringen Lohn arbeiten musste. Beim Nachbar lebte ein Knecht in so einem Zuhäuschen. Er und seine Frau hatten zwei Kühe und ein Stückchen Feld. Sie hatten 14 Kinder. Diese mussten schon früh bei den Nachbarhöfen für das Essen arbeiten. Meine Mutter half ihnen viel. Wenn sie keine Milch hatten, durften sie bei uns jeden Tag Milch holen kommen. Der Großbauer war kein Geiziger. Beim Mahlen des Kornes warf er dem Knecht immer wieder einen großen Sack Mehl ins Haus. Nur die Großbäuerin, die durfte von alledem nichts wissen. Und doch hat der Knecht zum Schluss sein eigenes Haus gebaut. In späterer Zeit konnten Leute mit wenig Geld um eine Beihilfe ansuchen. Sie bekamen den Grund von der Gemeinde ganz günstig zu kaufen und durften dann im Dorf Baumaterial sammeln gehen. Jeder im Dorf half und gab, was er geben konnte.

Jedenfalls tat sich auch mein Bruder, der Bauer, hart mit dem Heiraten. Die Mutter war mittlerweile alt und gebrechlich. Ich hatte da zu sein, um tagein und tagaus zu arbeiten. Zahltag war wie bei allen Bediensteten immer einmal im Jahr, zu *Lichtmess*, da erhielten wir vom Vater den Lohn. Diesen gab es jedoch nur, wenn er gut gelaunt war. Doch öfters war er schlecht gelaunt und so gab es eben nichts. Etwas dazuverdienen konnten wir mit dem Sammeln von Pilzen, die von einer Vintlerin abgenommen wurden. Sie brachte die Pilze nach Bozen und verkaufte sie dort. Der Vater brachte die Pilze nach Vintl und gab sie dort ab.

Ich blieb, bis ich 31 Jahre alt war. Meiner Mutter ging es zunehmend schlechter. Ich pflegte sie, führte den Haushalt und arbeitete auf dem Hof. Mein Bruder hatte mittlerweile zwar eine Freundin, konnte sich jedoch nicht entscheiden, ob er heiraten solle oder nicht. Schließlich sagte ich ihm, dass ich die Arbeit alleine nicht mehr schaffen würde und er sich doch endlich entscheiden und heiraten solle. Ich würde in jedem Fall nach dem Tod der Mutter den Hof verlassen.

Der Fremdenverkehr hatte dies möglich gemacht. Erst durch ihn konnten wir jungen Burschen und Mädchen vom Hof gehen, unser eigenes Geld verdienen und uns etwas aufbauen. So entschied er sich für die Heirat. Die neue Bäuerin zog bei uns ein, die Mutter, die wohl auch auf die neue Bäuerin gewartet hatte, starb acht Tage nach der Hochzeit. Endlich war ich frei und konnte mein eigenes Leben in die Hand nehmen. Nur wenige Wochen später packte ich meine Koffer und ging fort und startete mit 31 Jahren in mein neues Leben. Als ich heiratete, war ich bereits 36 Jahre alt.

„Heute ist auf dem Hof nur noch ein Kind, eine Tochter. Ich weiß nicht, ob diese den Hof überhaupt übernehmen will oder nicht. Das alte Haus steht seit Jahren nicht mehr und auch der Webstuhl ist verschwunden. Das Leben früher war ein schwieriges, besonders in den Jahren des Krieges. Doch es war für alle gleich und so gesehen vielleicht wieder einfacher als heute."

K. W.

*Anna, Erste von links,
auf dem Hof in Freiberg
(Mähren) – heute Příbor*

Durch Himmel und Hölle

Anna G., geb. 1939 in Mölten

„Leise knirscht der Sand der Straße unter meinen staubigen Schuhen. Schritt für Schritt sind wir wie Tausende andere unterwegs in Richtung Westen, ohne Landkarte, mit ein paar Lebensmittelkarten und etwas Tabak. Die Augen fallen mir zu, ich bin müde. Diese Straße, wann hört sie endlich auf? Doch nach dem einen Weg kommt wieder der nächste. Noch einen Schritt und noch einen. Wir müssen weiter, weg von den russischen Soldaten hinter uns. Die Schüsse ihrer Maschinenpistolen und Kanonen haben sich in meinen Kopf eingenistet und festgekrallt. Bum, bum, bum ... bumbum ... bumbum. So ging es Tag und Nacht. Wie lange? Ich weiß es nicht. Es kam mir endlos vor. In der Nacht warfen die Russen an Fallschirmen hängende Feuer aus ihren Flugzeugen auf die deutschen Stellungen, um besser sehen zu können. Diese waren nur wenige Kilometer von unserem Hof entfernt. Wir Kinder sahen vom Zimmer aus zu, und es war, als würden leuchtende Christbäume vom Himmel fallen, doch es weihnachtete nicht.

Dann war er vorbei, der Traum von der neuen Heimat im Osten, im Sudetenland. Die alten Besitzer des Hofes stürmten das Haus, warfen alle unsere Sachen aus dem Fenster, und innerhalb weniger Stunden mussten wir weg sein. Sonst, so hatten sie gedroht, würden die Soldaten uns abknallen wie ein Stück Vieh.

Wir packten schnell das Nötigste auf einen Leiterwagen und deckten es mit einer Plane zu. Unser Pferd zog den Wagen, dahinter banden wir eine Kuh an. Sie musste einfach mit – wegen der Milch. Die Angst war groß, denn es war keiner da, der uns hätte beschützen können. Uns: eine Mutter mit ihren fünf Kindern im Alter von knapp zwei, drei, vier, sechs und 14 Jahren und einen alten Knecht, den Kreidel. Unsere Flucht begann am 1. Mai 1945 in Freiberg an der tschechischen Grenze, knapp eine Woche vor meinem sechsten Geburtstag."

Hoffnung auf eine schönere neue Welt

1939 – sechs Jahre zuvor. Meine Eltern wohnten in Mölten beim Schmied. Dieser hatte angekündigt, dass er die Pacht nicht mehr verlängern wolle. Sie suchten eine neue Bleibe, doch auf dem ganzen Tschögglberg fanden sie keinen Hof und keine Wohnung, die sie hätten mieten können. Nur im Sarntal waren sie fündig geworden. Da aber wollte die Mutter auf keinen Fall hin, denn ihre Freundin, die Apothekerin von Untermais, hatte ihr dringend davon abgeraten. „Zu viele Schlangen, viel zu viele Schlangen gibt's im Sarntal. Da musst du ja immer Angst um deine Kinder haben", meinte sie.

Ich war gerade ein paar Monate alt, als mit der Post eine weitere schlechte Nachricht ins Haus gebracht wurde und bei meinen Eltern für schlaflose Nächte sorgte. Der Vater sollte einberufen werden, zum italienischen Heer, zu den Faschisten. Davon wiederum wollte er nichts wissen.

Die Propaganda der Zeit trug das ihre hinzu. „Du musst nicht einrücken, wenn du dich für deine deutsche Heimat und das Reich entscheidest. Wenn du unterschreibst, dann schenken sie dir sogar einen eigenen Hof. Solltest du aber nicht unterschreiben, dann werdet ihr alle getrennt und nach Sizilien geschickt." Der Traum vom eigenen Hof war verlockend, die Angst vor den *Walschen* groß, zu verlieren gab es nichts. Er unterschrieb die Papiere, die unsere Auswanderung besiegelten, und war froh, nicht in den Krieg ziehen zu müssen.

Bis zur wirklichen Auswanderung vergingen allerdings noch Jahre. 1940 kam meine zweite Schwester zur Welt, 1942 meine dritte und als es 1943 endlich so weit war, da konnten wir nicht starten, weil die Mutter, mittlerweile zum fünften Mal schwanger, an Typhus erkrankt war und im Krankenhaus wochenlang um ihr Leben kämpfte. Dies alles nur, weil sie Wasser vom Möltner Bach getrunken und sich dabei infiziert hatte. Aber sie war eine Kämpferin, denn sie erholte sich wieder und brachte am 13. Juni meinen jüngsten Bruder zur Welt.

Sechs Wochen später, es war Ende Juli des Jahres 1943, wanderten wir von Südtirol aus. Mit uns verließen eine weitere Familie aus Mölten und eine aus Vöran den Tschögglberg. Unsere Möbel, die Nähmaschine und alle landwirtschaftlichen Geräte wurden nach Innsbruck gebracht und auf Waggons verladen. Von dort fuhren wir im Zug nach Wien und weiter nach Freiberg ins Sudetenland.

Dem Vater war nicht zu viel versprochen worden. Der Hof befand sich in einer guten Lage, die Felder erstreckten sich weit über die Ebene, sie waren bestellt mit Mohn und Getreide. Im Stall standen Kühe und ein Pferd. Hühner und Gänse schnatterten umher. Die Eltern verstanden wohl, dass die tschechischen Bauern, die hier gelebt hatten, nicht freiwillig fortgegangen, sondern vertrieben worden waren. Doch der Hof war uns zugewiesen worden, alles befand sich in deutscher Hand. Der Kindergarten war deutsch, die Schule ebenso und auch der Bauernführer, der uns umgehend erklärte, wie viel Abgaben wir zu leisten hätten.

Der Hof freute den Vater, denn er war gut gebaut. Der Krieg jedoch, vor dem er geglaubt hatte, verschont zu bleiben, der holte ihn auch hier ein. Denn wir lebten ganz nah an der Grenze. In den folgenden Monaten wurden immer wieder Bomben über unserem Gebiet abgeworfen und die Alarmsirene heulte über die Felder. Obwohl es unter Strafe verboten war, bei Luftangriffen im Haus zu bleiben, weigerte sich mein Vater, mit uns in den Luftschutzkeller zu gehen. „Da hinunter gehe ich nicht mehr. Da führen große Wasserleitungen durch, wenn die bei einem Bombenangriff brechen, kommen wir nicht mehr vom Keller heraus und müssen ersaufen wie die Ratten." So blieben wir auch unter Beschuss auf dem Hof und hofften, nicht getroffen zu werden.

Das Jahr verging. Wir jüngeren Mädchen besuchten den Kindergarten, meine älteste Schwester die Schule, unser jüngster Bruder feierte seinen ersten Geburtstag.

Dann der Schock. Der Vater wurde zur SS einberufen. Vom einstigen Versprechen, dass er nicht in den Krieg einrücken müsse, war keine Rede mehr. Am 8. Dezember 1944 holten sie ihn ab und die Mutter blieb allein auf dem Hof zurück. Wie sollte sie alleine all die Arbeit mit fünf Kindern, von denen vier unter fünf Jahre alt waren, schaffen? Dem Bauernführer war dies gleich. Immer wieder forderte er Abgaben ein, doch die Mutter, enttäuscht und verbittert, dass der Vater geholt worden war, ließ sich nicht einschüchtern und meinte nur: „Wenn ihr etwas wollt, dann holt es euch selbst. Die Gänse, die könnt ihr euch ab jetzt schon selbst stopfen." Schließlich wurde uns ein alter Knecht, der Kreidel, zugeteilt. Auch er war ein Südtiroler, aus dem Vinschgau. Er versorgte von nun an die Tiere im Stall.

Doch unsere Tage auf dem Hof waren bereits gezählt. Die feindlichen Truppen rückten näher und näher, der Beschuss wurde immer intensiver. Zum Schluss verteilte der Bauernführer sogar Bretter mit Riemen an die Bauern. Die sollten im Falle eins Luftangriffes mit Napalm-Brennstoff an die Schuhe geschnallt werden. „Da brennt der Boden und wird so heiß, dass man mit normalen Schuhen nicht mehr darauf laufen kann." Die Mutter bekam die Bretter nicht. Wir durften auch nicht fort, als der Beschuss so stark und uns klar wurde, dass es keine Hoffnung mehr auf einen Sieg gab und die Russen bald einmarschieren würden. Wir mussten auf die Bewilligung von oben warten. Andere Bauern hingegen, die dem Bauernführer ein Kalb oder ein Kind für die Feldarbeit zurückließen, die durften den Landkreis früher verlassen. Ein Kind zurücklassen, das kam für die Mutter überhaupt nicht in Frage.

Letztendlich erübrigte sich jede Bemühung, gehen zu dürfen, denn am 1. Mai 1945 wurden wir von den

Tschechen vom Hof gejagt und mussten innerhalb weniger Stunden verschwunden sein. Den Bauernführer gab es nicht mehr.

Der lange Weg
Ich bin so müde, so durstig, so hungrig. Unser Ziel Südtirol ist unerreichbar weit entfernt. Die Russen sind gekommen, immer wieder werden wir aufgehalten und kontrolliert. Die Mutter hat die Eheringe und die Ohrringe in ihrem *Haargungl* versteckt. Unsere Papiere sind in ihren Schuhen unter der Sohle. Sie finden sie nicht. Wir kommen nur langsam voran, denn die Kuh hinkt und kommt nicht mehr weiter. Die Mutter will sie nicht zurücklassen. Sie braucht doch die Milch für uns Kinder. Eine andere Möltnerin mit zwei größeren Kindern ist mit uns geflüchtet. Sie haben nur ein Pferd, sind daher viel schneller als wir. Irgendwann gehen sie einfach weiter und warten nicht mehr. Später werden sie den Großeltern zu Hause ausrichten, dass die Mutter niemals alle Kinder lebend nach Hause bringen wird.

So sind wir auf uns allein gestellt und folgen dem Strom der Flüchtlinge. In der Nacht dient uns die Plane, die die Mutter über den Wagen geworfen hat, als Zelt. Bei Tag führt der Kreidel das Pferd mit dem Wagen. Die Mutter trägt meinen kleinen Bruder, wir vier Mädchen gehen zu Fuß. Meine älteste Schwester hat Glück, denn sie ist zwar schon 14 Jahre alt, aber klein. So glauben die Soldaten, sie sei noch ein Kind. Die Rote Armee kennt kein Erbarmen, kein Mitleid. Wir können uns nur durch Eines schützen. Wir dürfen nicht auffallen, müssen wie unsichtbar sein unter all diesen Menschen.

Schließlich kommen wir in ein Lager in der Nähe von Wiener Neustadt. Überall stehen Kühe, ihre Euter sind voll, sie schreien, doch es ist den Flüchtlingen verboten, die Tiere zu melken. Wir bekommen zu essen und zu trinken und schlafen in großen Zelten. Doch niemand fühlt sich wirklich sicher. Am wenigsten die Frauen. Viele Mädchen verschwinden in diesen Tagen, werden vergewaltigt, tauchen nicht wieder auf. Wir bleiben immer zusammen, versuchen ganz ruhig zu sein, unsichtbar. Wir schlafen eng aneinandergereiht, die Mutter links, wir vier Kleinen dazwischen, ganz rechts unsere Älteste. Der Rucksack wird nicht aus den Augen gelassen, denn Diebe gibt es genug. Der Kreidel schläft an einem anderen Ort.

Wir leiden im Moment zwar keinen Hunger, doch die Soldaten nehmen uns fast alles, was wir bei unserer Flucht noch schnell haben retten können: die Kuh, die nicht mehr laufen kann, das Pferd, den Wagen. Uns bleiben nur noch der Rucksack mit dem Allernötigsten und der große Wecker meiner Mutter. Den haben sie bei den Kontrollen immer angestarrt, dann aber doch nicht mitgenommen. Warum, wir wissen es nicht. Als wir weiter wollen, passiert, womit keiner gerechnet hat. Der Kreidel stirbt. Die Mutter findet ihn tot auf seinem Strohsack.

Plötzlich werden wir auf einen Lastwagen kommandiert und fahren ab. Doch irgendetwas ist falsch, denn es ist nicht die richtige Richtung, nicht der Westen. Wir fahren zurück in den Osten. Keiner weiß warum. Irgendwo stoppt der Wagen, wir müssen aussteigen. Sie lachen nur und meinen: „Jetzt könnt ihr den Weg noch einmal gehen." Dann fahren sie fort.

So stehen wir wieder auf der Straße, ohne Wagen, ohne Pferd und ohne Kuh, nur mit einem Rucksack, ein paar Lebensmittelkarten und ein bisschen Tabak. Die russischen Soldaten aber sind nun nicht nur hinter uns, jetzt sind sie überall, auch vor uns und neben uns. Immer wieder werden wir aufgehalten und kontrolliert.

Der Mutter geht es nicht gut, sie hat vor unserem Abtransport noch schnell heimlich eine Kuh gemolken und etwas Milch gekostet. Doch die Milch war vergoren. Zum Glück finden wir eine leere Scheune, in der wir uns verstecken können. Sie liegt da, ruhig, ganz bleich im Gesicht und wir wissen nicht: Wird sie sterben? Die Tage vergehen, im Rucksack ist nichts mehr zu essen, kaum noch zu trinken. Was sollen wir Kinder nur tun? Wir können nur warten und hoffen. Immer noch geht es ihr sehr schlecht.

Plötzlich wird die Tür aufgerissen – eine russische Kontrolle. Ein Gewehrlauf zielt genau auf die Mutter. Sie ist zu schwach, um noch Angst vor dem Gewehr zu haben, aber immer noch stark genug, für uns Kinder zu kämpfen. „Wenn du uns schon töten willst, dann erschieß vorher die Kinder und dann, wenn ich sehe und weiß, dass sie wirklich tot sind, mich", sagt sie still – aber bestimmt. Er versteht, was sie meint, schaut uns an, einen nach dem anderen. Dann senkt er das Gewehr, dreht sich um und schließt die Tür. Später bringt er uns sogar noch einen Laib

Brot. So haben wir im größten Unglück doch das Glück, von einem Menschen gefunden zu werden und nicht von einem Schlächter.

Das Essen tut der Mutter gut, langsam geht es ihr wieder besser und wir können weiter. Doch die Straße ist nun oft menschenleer. Das gefällt der Mutter nicht. Einmal bleiben meine älteste Schwester und ich etwas hinter ihr zurück, als plötzlich ein Soldat auftaucht und sie packt. Die Angst schießt in mir hoch, ich weiß nicht, was ich tun soll. Dann beiße ich ihn, so fest ich kann, in die Hand. Er schreit auf, lässt sie los und wir laufen schnell nach vorne zur Mutter. Der Soldat bleibt hinten. Wir werden noch vorsichtiger. Auf der Straße gehen wir jetzt nur noch in der Nacht. Am Tag bewegen wir uns durch den Wald. Es ist bereits Ende Juni und grün – und zum Glück warm. An lichten Stellen blühen Himmelschlüssel, wir gehen achtlos daran vorbei.

Ich weiß nicht, wie lange wir diesmal gehen. Doch irgendwann sind wir da, an unserem Ziel, am Semmering. Viele Flüchtlinge wollen hier über die Grenze, aber alle Brücken sind zerstört. Wir müssen einen großen Bogen gehen, um zu einem Übergang zu kommen. Dieser wird abwechselnd von russischen und englischen Soldaten bewacht. Eines Nachts, als die Engländer Wache halten, werden wir geweckt: „Schnell, kommt, sie lassen uns hinüber." Wir laufen über die Brücke, hinüber auf die andere Seite. Endlich, wir fühlen uns in Sicherheit. Aufatmen.

Mit dem Zug geht es weiter nach Innsbruck. Die Stadt ist zerbombt, viele Häuser zerstört. Einmal sehe ich, wie eine

Mauer einbricht und einen Mann unter sich begräbt. Ich höre ihn stöhnen und um Hilfe rufen. Da packt mich die Mutter am Arm und zieht mich weiter, vorbei an zerstörten Häusern und Straßen bis in das Lager. Im Gegensatz zu dem Lager bei Wiener Neustadt gibt es hier kaum etwas zum Essen.

Ich sitze am Tisch, vor mir ein Teller mit Gerstsuppe, voll mit kleinen weißen Würmern, die an der Oberfläche schwimmen. Das ist so ekelhaft, dass es mir die Kehle zuschnürt. Ich kann die Suppe nicht essen und bin doch so hungrig. Tränen rinnen über mein Gesicht, tropfen in die Suppe. Ich schluchze vor lauter Ekel, Hunger und Verzweiflung. Meine Geschwister essen alles auf, wortlos. Schließlich gibt mir eine Frau ein Stück hartes Brot.

Die Mutter hat nur noch einen Gedanken – Südtirol. Zweimal geht sie auf den Brenner, um zu schauen, ob es eine Möglichkeit gibt, auch ohne Papiere auf die andere Seite der Grenze zu gelangen. Sie beobachtet, wie andere Heimkehrer in die Züge springen. Sie wirft einem Paar einen Rucksack in den Waggon, während dieses auf den fahrenden Zug aufspringt. Doch sie sieht keine Möglichkeit, auf diesem Weg mit uns kleinen Kindern auf die andere Seite des Passes zu kommen.

Wir müssen in Innsbruck bleiben und warten, bis die Papiere bereitgestellt werden. Dies ist nicht so einfach. Die Beamten sind schroff, die Mutter wird immer wieder abgewiesen. Doch sie ist bis nach Innsbruck gekommen, sie lässt nicht mehr locker. Nach rund zwei Wochen ist es so weit: Die Papiere sind ausgestellt, wir dürfen regulär über den Brenner fahren. Ende Juli 1945, genau zwei Jahre nach unserem Start, kommen wir wieder in unsere alte Heimat zurück: ohne Geld, ohne Lebensmittelkarten, ohne Tabak und das Schlimmste von allem – ohne den Vater.

Der Vater
Die Mutter fragt bei jeder Stelle nach dem Verbleib des Vaters. Wir erfahren, dass er verwundet wurde und in ein Lazarett in Rumänien gebracht worden sein soll. Später erzählt uns ein Südtiroler, der mit ihm in der Einheit war, dass sie auf dem Rückzug auf einen Zug gesprungen sind. Als er sich jedoch umdrehte, war der Vater nirgends zu sehen. Die Mutter wartet, doch sie hört nichts von ihm. Alle Nachforschungen verlaufen ins Leere. Sie ist überzeugt, dass er versucht hat, zu uns nach Freiberg zu kommen. Jahre später, ich bin bereits 14 und habe die Schule beendet, kehren viele Heimkehrer zurück. Einige berichten, ihn erkannt zu haben. Doch zu viel ist geschehen. Wir haben genug gesehen und glauben nichts mehr. Er bleibt vermisst.

Alte neue Heimat
Unsere erste Station in Südtirol ist bei einer Schwester meines Vaters, die in Siebeneich lebt. Helfen? Nein, helfen könne sie uns bestimmt nicht. Nur die Älteste, die könne zum Arbeiten bleiben, meint sie. Die Mutter schüttelt den Kopf. Weder in Freiberg im Sudetenland noch in Siebeneich

in Südtirol wird sie eines ihrer Kinder einfach so hergeben. Immerhin, wir dürfen eine Nacht im Haus der Tante schlafen.

Am nächsten Tag geht sie allein zu den Eltern nach Mölten. Sie weiß nicht, was sie erwarten darf oder kann. Sie weiß noch nicht, dass die Eltern bereits auf uns warten. Sie sind glücklich, die Tochter wieder zu sehen, und froh, dass wir alle am Leben sind. Der Hof ist zwar klein, aber für die Tochter und die Enkelkinder immer noch groß genug. So können wir wieder nach Mölten zurück. Der Hof kann jede fleißige Hand gebrauchen, denn das Gras steht hoch und der Großvater ist alt und schwach. Ich hingegen darf bis zum Schulanfang zu meiner Patin auf den Hof gehen. So sitze ich in einem sauberen Kleid, die Haare schön geflochten, am 15. September gleich wie alle anderen Sechsjährigen des Dorfes in der Schulbank. Sie lachen und spielen und wissen nichts von brennenden Christbäumen, knallenden Gewehren und schwarzen Stiefeln.

Auch dieses Weihnachten ist ein trauriges Fest, denn der Großvater stirbt. Wir schlafen nun alle gemeinsam in einem Raum, der von der Küche aus über eine steile Leiter in den oberen Stock führt. Er ist mit Holz verschlagen, so ist es im Winter nicht zu kalt. Zum Wärmen haben wir Ziegelsteine, die wir am Abend in den Ofen legen. Der zweite Raum im Obergeschoss ist kalt, das Dach undicht. Von hier aus kommen wir auf einen Balkon hinaus. Unten gelangt man von der Küche in die Stube mit dem warmen Ofen, dahinter liegt das Schlafzimmer der Großmutter mit dem anschließenden Plumpsklo. Um die Großmutter in der

Nacht nicht stören zu müssen, wird unser Balkon etwas umgebaut, sodass wir von hier aus zum Plumpsklo kommen.

Keine Lotterkinder

Die Mutter arbeitet, so wie vor der Auswanderung, wieder als *Bötin*. Sie kauft bei den Möltner Bauern Waren und verkauft diese an ihre Kundschaft in Sinich und Meran weiter. Der Anfang ist schwer und nicht immer ist genug zum Essen im Haus. Einmal bittet sie bei einem Nachbarhof um etwas Mehl.

„Ja wie, du hast kein Mehl im Haus?", fragt die Bäuerin und grinst: „Tja, wärst du nicht ausgewandert, dann müsstest du jetzt auch nicht für deine Kinder *lottern* kommen. Von mir bekommst du jedenfalls nichts!" Dann kracht donnernd die Tür ins Schloss.

Wütend kommt die Mutter nach Hause und schwört: „Nie wieder werde ich hier jemanden um Hilfe bitten, denn niemand soll je sagen können, dass meine Kinder nur Lotterkinder sind."

So gibt es an diesem Abend nichts zu essen, dafür aber sind wir um eine Erfahrung reicher. Mit dem ersten Geld wird eine Ziege gekauft, später kommt eine Kuh hinzu.

Die Zeit vergeht, alle müssen zusammenhelfen. Wir sind, mit Ausnahme meines jüngsten Bruders, eine Weiberwirtschaft. Nur während der Heuernte im Sommer kommt für eine Woche ein Onkel und hilft. Den Rest des Jahres müssen wir alleine schaffen. Die Mutter mäht mit der Sense den Hang, wir Kinder *rechnen* zusammen und tragen das Heu hinauf in den Stall. Im Sommer und im Herbst sammeln wir Beeren, Pilze und Kräuter. Oft helfen wir für das Essen bei anderen Bauern aus.

Jeden Freitag geht die Mutter in die Stadt. Für diesen Tag werden alle Waren abgepackt und zum Transport vorbereitet. Wir Kinder stehen gemeinsam mit der Mutter um fünf Uhr morgens auf, um ihr beim Tragen zu helfen. Bis zur Seilbahn nach Vöran gehen wir über zwei Stunden zu Fuß. Mit dabei haben wir je nach Jahreszeit: Butter, Eier, Hühner und die selbst gesammelten Beeren, Pilze und Kräuter. In Vöran fährt sie mit der Bahn ins Tal und geht dann wieder zu Fuß, bepackt mit einem großen Rucksack und einem Korb, in die Stadt. Während der Schulzeit müssen wir uns beim Rückweg richtig beeilen, um rechtzeitig um acht Uhr in der Schule zu sein. Am Abend gehen wir ihr wieder entgegen. Meistens treffen wir uns beim Untersteinerhof, und im Winter nehmen wir eine Laterne mit.

Am Abend ist Zeit für die Hausaufgaben. Wir sitzen alle am Tisch bei einer Lampe und schreiben, während die Mutter Kleider für uns näht und strickt. Manchmal bekommt sie von ihrer Kundschaft in der Stadt alte Kleider geschenkt und schneidert daraus Schürzen für die Schule für uns.

Für die Messe am Sonntag besitzen wir mittlerweile sogar feine Strümpfe. Dies fällt auch der Bäuerin eines großen Hofes auf. „Was, ihr Kinder habt so feine Strümpfe? Ihr werdet schon etwas Besseres sein", schimpft sie und ereifert sich so sehr, dass ihr vor Zorn und Neid die Tränen kommen. Schließlich muss sie selbst immer noch die kratzenden, groben schafwollenen Strümpfe tragen.

Der Mutter jedoch ist das Gezeter herzlich gleich, denn sie hat nicht vergessen, wie leicht die Nächstenliebe der Bauern bereits bei einem Schälchen Mehl aufhören kann. So meint sie nur. „Was willst du überhaupt. Ich muss die Wolle so oder so kaufen. Also macht es auch keinen Unterschied, welche ich nehme."

Ich gehe nicht gerne in die Schule. Als ich größer bin, soll ich nach dem Unterricht bei einem Bauern auf die Kinder aufpassen. Als Lohn bekomme ich ein Essen. Es dauert nicht lange, da will die Bäuerin, dass ich auch während des Tages bei den Kindern bin. Dies ist mir nur recht. Als die Mutter jedoch davon erfährt, kommt sie sofort auf den Hof und schickt mich wieder zurück in die Schule, nicht ohne der Bäuerin vorher noch eine ordentliche Standpauke gehalten zu haben.

Meine jüngere Schwester hingegen liebt die Schule und würde so gerne Lehrerin werden. Doch ihr Wunsch bleibt ein Traum, denn die Ausbildung ist zu teuer. So wird sie Verkäuferin und auch dafür muss die Mutter bezahlen.

Ich beende mit 14 Jahren die Volksschule und komme einen Winter lang zu meiner Tante zum Nähen. Danach arbeite ich in Vilpian bei einem Bauern und später im Magazin. Mit 16 Jahren darf ich als Kindermädchen zu einer Familie nach Bologna. Später arbeite ich mit meiner Schwester im Hotel Greif in Bozen als Stockmädchen. Der Tourismus gefällt mir, in der Schweiz werden viele Arbeitskräfte gesucht und man verdient gut. Warum also nicht? In der Schweiz ist es sicher auch recht schön.

Anna arbeitete noch für mehrere Jahre mit Sepp, ihrem späteren Mann, in der Schweiz. Die beiden kehrten nach Südtirol zurück und wohnen seither in Meran. Anna hat vier Kinder geboren und, so wie früher ihre Mutter, oft Kleider für sie genäht. Die Kinder durften den Sommer über immer bei der Großmutter in Mölten verbringen. Diese sprach nie über die Erlebnisse aus der Vergangenheit. Als jedoch die Kinder im Fernsehen die Serie über die amerikanischen Einwanderer „Der lange Treck" schauten und auf dem Bildschirm ein langer Zug von Pferdewagen durch die Weite der amerikanischen Steppe fuhr, konnte sie nicht mitschauen. Wortlos stand sie auf und verließ die Stube.

K. W.

„Renn, Madl, renn!"

Sieglinde M., geb. 1941 in Laas

„Heilige Maria Muttergottes, o hilf, heiliger Martin, steh uns bei", flehte der Vater laut, während er mich und die Mutti eng in die Mulde unter dem großen Stein drückte. Der Staub nahm mir die Luft zum Atmen, meine Augen brannten, ich hörte seine Gebete, während über uns, links und rechts die Steine vorbeischossen, als ginge die Welt unter. Dabei hatten wir zehn Minuten zuvor noch bei den Kühen auf der Almwiese gesessen und die Sonne genossen. Der Vater war der Erste, der das dumpfe Ächzen gehört hatte. Als wir uns zum *Tschigat* hin umdrehten, konnten wir nicht glauben, was oben in den Wänden vor sich ging. Wie von Zauberhand neigte sich langsam eine riesige Felswand nach vorne, löste sich und rutschte die Hänge hinab. Die Steinlawine wurde immer schneller, schon kamen die ersten Steine auf uns zu.

„Rennt, schnell unter den Knott", schrie der Vater. Wir rannten um unser Leben, hinüber zum großen Stein. An dessen Unterseite war eine kleine Mulde. Dort kauerten wir nun eng aneinandergedrückt und warteten und beteten um unser Leben und um jenes der Tiere. Es rumpelte und donnerte, Steine flogen krachend vorbei ins Tal. Der Staub verdunkelte das Licht und die Sonne war nur noch ein grauer Fleck im Staubnebel. Es war die Hölle los. Ich weiß nicht mehr, wie lange wir dort blieben, zehn Minuten, eine halbe Stunde, vielleicht auch länger. Es kam mir ewig vor. Als das Getöse vorbei war und sich die Staubwolke langsam legte, krochen wir zitternd aus unserem Schutz hervor. Der Vater war weiß wie die Wand und befürchtete das Schlimmste. Eine unheimliche Stille umgab uns. Dann hörten wir eine Kuh schreien, ängstlich, leise, aber doch. Wir blickten auf die Almwiese und konnten unseren Augen nicht trauen. Das gesamte Vieh stand regungslos und verschreckt da, aber kein einziges war erschlagen worden. Ein Wunder war geschehen.

Hansjörg, der Hirtenjunge, war an diesem Tag in der Almhütte geblieben, da er Bauchschmerzen gehabt hatte. Auch er hörte das Rumpeln. Als er aus dem *Guggerle* schaute, sah er nur den alten Ziegenhirten von Tabland, der über die Böden rannte, als ob der Leibhaftige hinter ihm her wäre. Von der Hütte aus beobachtete der Junge mit Schrecken den Abgang der Steinlawine und kletterte, als diese sich gelegt hatte, aus dem kleinen *Guggerle*. Zwei Stunden später kam der Brunner Vater von den Tablander Höfen aufgeregt nach dem Rechten schauen und war heilfroh, dass uns nichts passiert war. Die Aschbacher auf der gegenüberliegenden Seite des Tales hatten den Steinschlag ebenfalls beobachtet und waren überzeugt, dass weder Mensch noch Tier dieses Unglück überlebt haben könnten. Der größte Stein kam auf den Eggerböden zum Stillstand. Dort liegt er noch heute.

Wir hatten schon einige Unwetter und bedrohliche Momente auf der Alm erlebt, doch dieses war das gefährlichste. An den Rosenkranz, den wir an diesem Abend kniend gebetet haben, erinnere ich mich noch gut, denn so beherzt und innig war er mir noch nie zuvor über die Lippen gekommen.

Ich bin am 31. Jänner 1941 in Laas geboren und einige Tage später bei meiner Ziehmutter abgegeben worden – so wie meine Schwester Traudl neun Jahre zuvor. Meine leibliche Mutter, die Lies, war eine Bauernmagd, die mal hier, mal dort diente. Mein Vater, ein Neffe meiner Ziehmutter, war ihre große Liebe und obwohl er mit einer Großbäuerin in Laas verheiratet war, konnte sie einfach nicht Nein sagen, wenn er, was wohl des Öfteren vorkam, bei ihr schlief.

Als die Lies zum zweiten Mal schwanger wurde, fragte sie meine Ziehmutter erneut, ob sie auch dieses Kind aufnehmen würde. Diese wusste, dass die Lies als unverheiratete Magd das Kind nie hätte versorgen können, ohne festes Heim, ohne Schutz und ohne Geld, dafür aber voll und ganz angewiesen auf die Bauern, für die sie arbeitete. Diesmal allerdings stellte sie eine Bedingung: „Ich nehme das Kind nur, wenn es ein Mädchen wird", meinte sie entschieden. „Oh du lieber Gott", jammerte da meine Mutter, „lieber Gott, mach ja, dass es ein Mädchen wird." So betete sie während der ganzen Schwangerschaft bei allen Schutzheiligen darum, das Kind in ihrem Leib möge nur ja ein Mädchen werden.

Der liebe Gott hatte wohl ein Einsehen mit ihr, denn an jenem kalten Januartag brachte sie in Laas wirklich ein Mädchen zur Welt. Wenige Tage später wurde ich in der Lourdes-Kirche bei Laas getauft. Meine Ziehmutter, die gleichzeitig auch meine Taufpatin wurde, nahm mich direkt von der Kirche aus mit nach Partschins. Acht Tage nach der Geburt ging die Lies wieder ihrer Arbeit nach, als sei nichts geschehen. Ich allerdings erhielt das große Glück, zu einer Familie zu kommen, die mich vorbehaltlos aufnahm, und wurde beschenkt mit einer Ziehmutter, die mich vom ersten Tag an über alles liebte.

Meine leibliche Mutter verschwand nicht ganz aus meinem Leben. Sie besuchte mich von Zeit zu Zeit, doch in den ersten Jahren verstand ich nicht, dass es sich bei der Besucherin um meine leibliche Mutter handelte. Sie war und blieb stets eine lästige Besucherin, ja direkt ein Störenfried für mich, von dem ich nichts wissen wollte. Meine Abneigung entsprang durchaus einer Quelle, nämlich meiner Ziehmutter. Diese war sehr eifersüchtig und ließ keine Gelegenheit aus, die Unfähigkeiten der Lies zu unterstreichen. Ich erhielt zwar Geschenke von ihr, doch ich konnte mich an den Süßigkeiten und dem billigen Plunder nicht erfreuen, weil ich wusste, dass dies der Mutti nicht gefiel. Nützliche Dinge waren sowieso keine dabei, das hatte ich bald verstanden. Den Plunder verschenkte ich immer gleich in der Schule.

Die Mutti hatte selbst drei Kinder, zwei Buben und ein Mädchen, die bereits erwachsen waren und nur noch zu Besuch in unsere Wohnung am oberen Ende des Dorfes kamen. So lebten nur noch meine Zieheltern, meine Schwester Traudl und ich dort. Im Winter über wohnten wir hier im Dorf mit einer Kuh, den Ziegen, den Hennen und der Katze. Der Vater arbeitete im Holz. Während der Sommermonate aber war er Hirte und wir lebten auf der Alm.

Dem Tod ganz nah

Mit sieben Monaten wurde ich zum ersten Mal richtig krank: Keuchhusten. Es war Sommer und wir waren mit den Tieren auf Kaiserstein, einer Almhütte oberhalb der Nassereithhütte. Die Mutti nahm einen Korb, füllte ihn mit Stroh, legte mich hinein und deckte mich mit einem Tuch zu. Dann schickte sie die Berta, ihre leibliche Tochter, mit mir hinunter ins Tal zu einem Arzt.

Im Dorf unten kam ihr zufällig die Schönweger-Mutter entgegen, sah in den Korb, erblickte mich und meinte zur Berta. „Wenn du jetzt weitergehst, wird sie sterben. Da hilft nur noch die Bachluft. Geh zurück nach Kaiserstein und sag der Mutter, sie soll mit dem Mädel jeden Tag zum oberen Wasserfall gehen. Wirst sehen, dann wird sie wieder gesund." So ging sie wieder über Stunden den steilen Weg hinauf zur Hütte und die Mutter tat, was ihr aufgetragen worden war. Zwei Monate lang saß sie jeden Tag mit mir für zwei Stunden neben dem Wasserfall, dann war ich wieder gesund.

Das Kind der Sünde

Ich wusste lange Zeit nicht, dass ich ein Ziehkind war, und staunte, als ich im Kindergarten das erste Mal von anderen Kindern damit gehänselt wurde, dass ich keinen Vater hätte. Ich verstand nicht, was sie überhaupt meinten, denn ich hatte ja einen Vater im Haus, den Mann von der Mutti eben. Erst in der zweiten Klasse, als ich lesen konnte, machte ich eine Entdeckung, die meinen Zweifeln, welche ich bis dahin immer verdrängt hatte, neue Nahrung gab und mich in das größte Sorgenleid meines jungen Lebens schmetterte. Ich spürte die Ruhe vor dem Sturm, ahnte, dass ein Gewitter unaufhaltsam auf mich einbrechen würde, doch noch war mir nicht klar, welches Geheimnis mich in Angst und Schrecken versetzen würde.

Dass bei mir wirklich etwas anders war als bei den anderen, sollte ich bald erfahren. Als ich von der Mutti eine Unterschrift brauchte, bemerkte ich, dass mein Nachname und der Name ihrer Unterschrift auf dem Papier verschieden waren. Ich wollte wissen warum, und erfuhr so, dass ich adoptiert worden war. Das tat so weh, die Tränen rannen über mein Gesicht, ich konnte gar nicht aufhören zu weinen. Ich war entsetzt und unglücklich und wollte nicht glauben, dass es so sein sollte. Ich, die bis zu dieser Stunde nur sonnige Tage erlebt hatte, war in Wirklichkeit nichts weiter als ein Kind der Sünde. Schließlich meinte die Mutti: „Kind, daran können wir nichts ändern und müssen es einfach nehmen, wie es ist."

Doch dies war für mich viel schwerer, als sie glaubte. Von nun an fragte ich mich ständig, was an mir, dem Kind der Sünde, eigentlich so anders sein sollte als bei den anderen Kindern. Ich begann sie genau zu beobachten und alles mit mir zu vergleichen: die Kleider, die Schuhe, das Pausenbrot in der Schule ... – einfach alles. Doch sosehr ich auch suchte, ich konnte einfach keinen Unterschied feststellen.

Im Gegenteil, manche Bauernkinder hatten zur Pause nur hartes Brot dabei und waren immer hungrig. Wenn einer einen Apfel mitbrachte, dann war das schon ganz ordentlich. Mir gab die Mutti meistens Weißbrot mit Marmelade mit. Das war ein richtiger Luxus. Ich habe mein Brot meistens mit dem harten dunklen Brot getauscht, weil mir – wie das bei Kindern halt so ist – vorkam, die Jause der anderen müsse in jedem Fall einfach besser sein. Da meine große Ziehschwester, die Berta, Schneiderin gelernt hatte, nähte sie mir nette Kleider, die ich voller Stolz trug, weil ich wusste, dass mich viele Mädchen darum beneideten. Sie hatten nur einen einfachen Kittel, bei dem höchstens der Saum verlängert wurde, wenn sie größer wurden. Mein dichtes hellbraunes Haar hat mir die Mutti immer kunstvoll um den Kopf geflochten, denn niemand im Dorf sollte Grund haben, mich schlechter anzusehen als die anderen Kinder. Nur die Schuhe, die waren immer entweder zu klein oder viel zu groß und meistens völlig kaputt. Als ich größer wurde, musste ich in der Mittagspause meiner Schwester immer das Essen auf die Töll in die Obstgenossenschaft bringen. Beim Rückweg gingen einmal die Töller Schulkinder hinter mir her. Ich hatte meine Schuhe hinten ganz aufgerissen und sah, wie ein Mädchen die ganze Zeit auf meine kaputten Schuhe blickte. Gesagt hat sie nichts, doch ich habe mich so geschämt, dass ich mich am liebsten hinter einem Stein verkrochen hätte. Doch es war keiner in der Nähe und so musste ich durchhalten, bis wir in der Schule waren.

Gerne und mit Freude besuchte ich die Schule. Diese begann täglich mit einer Messe, dann wurde in der Schule noch einmal gebetet, bis schließlich der Unterricht begann. Unsere Schulsachen waren überschaubar. Wir hatten einen Federkiel und Tinte, einen Bleistift, einen Radiergummi, ein Lineal, einige Farben, ein Lesebuch, ein Religionsbuch und kleine Hefte, in denen jede Zeile genutzt wurde. Zumeist waren unsere Hände voll Tinte. Wir waren immer mehrere Jahrgänge in einem Raum, hatten einen Lehrer für alle Fächer, außer in Religion, da wurden wir vom Pfarrer unterrichtet. Der war eigentlich ein richtig gemeiner Kerl. Er war groß, stark und hatte eine laute tiefe Stimme. Wer nicht zur Messe erschien, bekam in Religion automatisch eine Fünf. Wir waren immer mucksmäuschenstill, wenn er in die Klasse kam. Zu den Buben war er besonders böse und gemein. Sie mussten oft auf Holzscheiten knien, und wenn er richtig zornig wurde, dann watschte er sie ins Gesicht links und rechts, dass es nur so klatschte. Wir hätten uns nie getraut, zu Hause etwas darüber zu erzählen, denn der Pfarrer war die Autorität im Dorf, er stand noch höher im Ansehen als der Bürgermeister. Er war ein Mann der Zucht und Ordnung – in einer Welt voller Unkeuschheit und Sünde. „Greift euch ja nicht da unten an, das ist Sünde, schaut ja nicht hinunter, das ist Sünde." Ich habe mir gedacht: Ja, wie können wir uns denn dann überhaupt waschen, da unten? Doch ich hätte mich nie getraut, ihn danach zu fragen.

Ich hatte gute Noten und immer die Nase vorne. Meine Lieblingsfächer waren Deutsch, Rechnen, Dichten, Singen und Handarbeit. In Rechnen mussten wir die Hausaufgaben vorher von der Tafel abschreiben. Ich habe sie immer gleich ausgerechnet und mir damit die Aufgabe zu Hause erspart. Manchmal kamen auch Kinder zu mir und wir machten die Aufgaben gemeinsam. Da ich sehr gerne las, steckte mir der Lehrer immer wieder neue Hefte und Bücher zu. Die Mutti hielt überhaupt nichts davon, und wenn sie mit mir schimpfte, dann nur, wenn sie mich beim Lesen erwischte. Dann hat sie immer gleich eine Arbeit für mich gefunden.

Als die Schule zu Ende war, wäre ich so gerne weiter zur Mittelschule nach Meran gegangen. Der Lehrer und eine Lehrerin nahmen sich sogar die Zeit und sprachen mit der Mutti. Sie meinten, dass ich so gut in der Schule sei und doch weitere zwei Jahre in Meran zur Schule gehen sollte. Doch das hätte meine Ziehmutter damals nicht bezahlen können. Zudem war sie überzeugt, dass Mädchen einfach gottgewollt dazu da seien, einen Mann zu heiraten und einen Haushalt mit Kindern zu führen. Daran gab es nichts zu rütteln. Dieser Meinung war schließlich auch der Pfarrer, der nicht müde wurde zu betonen, dass Mädchen nicht weiter zu studieren bräuchten, denn letztendlich heirateten sie ja doch nur. Da könne man das Geld ja gleich zum

Fenster hinauswerfen. Also habe ich am letzten Schultag unter Tränen die Schultasche mit meinen guten Noten ganz sorgfältig auf dem Dachboden verstaut. Die Schulzeit war vorbei.

Die Alm

Jedes Jahr, wenn die Bauern das Vieh auf die Alm trieben, änderte sich mein Leben, denn der Vater arbeitete für die Tablander Bauern als Hirte auf der Alm. So zogen wir für viele Jahre jeden Sommer mit Sack und Pack hinauf und kamen erst wieder im Herbst in das Dorf zurück. Beim Auftrieb war es Brauch, dass jeder Bauer je nach Anzahl der Tiere Brot und Butter auf die Alm brachte. Die schweren Lebensmittel wurden von einem Muli, einem Maultier, hinaufgetragen.

Ich war jedoch nicht allein auf der Alm. Die Mutti nahm immer mehrere kleinere Kinder vom Dorf zur Sommerfrische auf. Mit der Annemarie und der kleinen Herta habe ich den ganzen Tag lang gespielt, mit Erde und Wasser Kuchen gebacken und ihn mit Himmelschlüsseln und anderen Blumen verziert oder mit Steinen, Hölzern und Zapfen ganze Spieldörfer gebaut.

Die Hexe

Es gab viele Erdbeeren und Pilze, die wir sammeln konnten.

„Ihr dürft mir aber nicht zu weit von der Alm weggehen", mahnte uns die Mutti.

Doch der Reiz des Unbekannten war natürlich größer als ihre warnenden Worte. Lustigerweise wurden die Erdbeeren immer roter und größer, je weiter wir von der Alm weggingen. Auch die Mutti wusste dies, doch sie schimpfte nicht, denn sie hatte so ihre ganz eigene Methode, um uns wieder auf die Alm zu locken.

Sie warf sich einen alten schäbigen Mantel mit einer Kapuze um und nahm einen langen Stock mit. Dann ging sie uns Kindern nach und hinkte in einiger Entfernung mit gesenktem Kopf scheinbar nach etwas suchend im Wald umher. Sie kam nicht so nah zu uns heran, als dass wir sie hätten erkennen können, doch nahe genug, sodass wir sie entdecken mussten. Im Nu waren wir mucksmäuschenstill und getrauten uns nicht mehr, auch nur einen Schritt weiterzugehen. „Das muss eine Hexe sein", flüsterten einige. Sobald die Gestalt hinter den Bäumen wieder verschwunden war, machte uns die Angst flinke Beine, und wir liefen, so schnell wir nur konnten, zur Alm zurück und versteckten uns in der Hütte. Der Jammer war groß, denn genau in dem Moment war die Mutti nicht da. Als sie endlich kam, meinte sie nur: „Ich hab euch doch gesagt, dass ihr nicht zu weit von der Alm fortgehen sollt." Von dieser Stunde an brauchte sie nichts mehr zu sagen und wusste genau, dass wir immer in Sichtweite der Hütte blieben.

Es gab zu dieser Zeit weder Fernseher noch Radio oder Telefon. Und doch hatten wir etwas ganz Besonderes – nämlich einen Plattenspieler und fünf Schallplatten mit Volksmusik. Die wurden jeden Sonntag aufgelegt und dazu haben wir gesungen und getanzt. Besonders zur Zeit der Heuernte, da kamen mehrere junge Burschen und Mädchen, die *Mahder*, zum Mähen auf die Almwiesen herauf und blieben rund zwei Wochen. Sie haben immer ganz früh mit der Arbeit angefangen, damit sie am Abend zu uns auf die Alm zum Singen und Tanzen bei Kerzenschein kommen konnten. Der Prünster-Vater ging zum Mähen ganz hoch bis zu den höchsten Flecken Grünfläche. Er nahm seine Zither mit auf die Alm, die dann oberhalb meines Bettes deponiert wurde. Ich hätte so gerne darauf gespielt, doch ich traute mich nicht. Als er am Abend zurückkam, spielte er und wir sangen. Dazu hatten wir den Plattenspieler mit unseren fünf Platten und spielten immer nur dasselbe Stück. Der Hofer-Rudl hatte eine wunderbare Tenorstimme, die Mutti sang Sopran und ich Alt. So sangen wir im Trio und wurden von der Zither begleitet. Wir konnten alle Lieder auswendig. Wenn der Prünster-Vater ein Lied einmal nicht kannte, so brauchten wir es nur zweimal vorsingen und schon konnte er es fast fehlerlos nachspielen. Die Musik gefiel nicht nur uns, sondern auch der Unterlerchner-Marianne. Sie lebte während der Mahd hoch oben unterhalb der Sattelspitze unter einem Stein, der mit Brettern zugeschlagen war und ging zum *Schnappen* ganz hoch zu den *Laiten*. Sie sagte uns immer: „Ich jauchze, damit ihr wisst, dass mir nichts fehlt, und ihr jauchzt zurück. Und tut's schön singen, denn das hör ich bis ganz herauf und genieße es jeden Abend." Über ein Seil wurde das Heu, das sie zusammentrug, zu unserer Alm und dann weiter zur Lerchner *Schupf* befördert. Auf ihrem Weg nach oben kehrte sie stets auf unserer Alm ein und erklärte mir jeden Sommer wieder: „Und wenn beim Seil mein *Pinggele* kommt, dann wisst ihr, dass ich bald selbst komme."

Als ich größer wurde, waren meine täglichen Arbeiten auf der Alm: abspülen, kehren, melken, Holz und Wasser tragen, Hennen füttern, Ziegen holen. Einmal in der Woche musste ich zum Einkaufen hinunter ins Dorf. Meist startete ich am Abend und kam bis zum nächsten Mittag wieder hoch. Nie ging ich mit leeren Händen ins Tal. Die Mutti richtete Ziegenbutter her, die sie in Papier einschlug und mit dem Namenskärtchen des Empfängers versah. Ich nahm die Pfifferlinge, Steinpilze und Preiselbeeren mit, die ich beim Hüten der Ziegen die Woche über gesammelt hatte. Die Waren brachte ich unserer Kundschaft im Dorf. Mit dem Geld kaufte ich jene frischen Lebensmittel ein, die wir auf der Alm benötigten. Der Erlös von Pilzen und Beeren gehörte mir. Ich wusste genau, was ich mit meinem ersten selbst verdienten Geld machen wollte. So sparte ich jeden *Centesimo* und im Herbst führte mich mein erster Weg ins Dorf zum Schuster, wo ich voller Stolz mein erstes Paar Schuhe kaufte.

Da wir Sommerfrische-Kinder hatten, musste ich bei deren Müttern auch immer einkehren. Sie gaben mir ebenfalls Lebensmittel aus ihrem Garten mit. So schleppte ich jede Woche einen Rucksack und zwei volle Taschen, gefüllt mit Krautköpfen, Bohnen, Birnen, Äpfeln, Zwetschgen – kurzum allem, was die Jahreszeit an Obst und Gemüse hergab –, auf die Alm. Die Kinder wussten, dass ich mit vollen Händen nach oben kam. Deshalb warteten sie am späten Vormittag schon am Rande der Böden und jauchzten immer wieder ins Tal. Sobald ich sie hörte, jauchzte ich zurück. Es dauerte nicht lange, da kamen sie den Berg herunter und halfen mir keuchend, die schweren Taschen auf die Alm zu tragen.

Auf Oberlerchen, dem letzten Hof vor dem steilen Anstieg zur Alm, wurde ich einmal eingeladen. „Komm her, kannst mit uns Mittag essen", meinte die Bäuerin. Den Knödel mochte ich freilich gern, doch ich wusste auch, dass bei der Oberlerchnerin nach dem Essen immer der Rosenkranz gebetet wurde. Ich getraute mich nicht zu sagen, dass ich nach dem Knödel eigentlich gern wieder weitergehen würde, so musste ich bleiben und beten. Auch auf der Alm wurde jeden Abend der Rosenkranz gebetet – kniend. Ich war ein Kind und betete stets mehr aus Pflicht denn aus Überzeugung. Einmal habe ich vor lauter Langweile unserer Katze eine Wäscheklammer an den Schwanz gehängt. Sie sauste im Kreis herum und versuchte vergebens die Klammer wegzubeißen. Ich lachte, bis der Vater plötzlich den Hut nahm und ihn zu mir her warf. Noch heute sehe ich vor mir, wie der Hut durch die Luft saust und genau auf meinem Kopf landet. Dann war wieder Ruhe und der Rosenkranz wurde zu Ende gebetet.

Naturgewalten

Meine Mutti hatte immer Angst vor dem Wetter. Der Vater beobachtete ganz genau die Wolken am Himmel. Wenn er sah, dass sie sich dunkelgrau am *Tschigat* zusammenzogen, ging er selbst am späten Abend noch los und holte das Vieh von den *Runen* herunter in den Stall. Zu mir rief er nur: „Madl, renn!", und ich wusste, dass ich die Kühe zusammentreiben musste.

Es dauerte nicht lange, schon donnerte es und Blitze gingen nieder. Die Mutti betete, dass wenigstens der Schauer am *Tschigat* ausbleiben möge. Sonst gingen Muren ab und die Bäche wurden zu reißenden Wildbächen. Der Holler und der Höllental sind meistens gleichzeitig ausgebrochen. Es hat getobt und gekracht, sodass uns die Almhütte keine Sicherheit mehr bot. Wir flüchteten mit einer kleinen Laterne in die nahe *Stiergand*. Dort waren in einer kleinen Höhle zwischen den Steinen einige Bretter ausgelegt. Decken lagen bereit. Meine Aufgabe war es, die kleineren Kinder in Sicherheit zu bringen. Zusammengekauert warteten wir dann, bis sich das Unwetter legte.

Meistens waren nach solch einem Unwetter alle Brücken weggerissen und die Wege weggeschwemmt. Einmal war eine Ziege abgängig und der Vater sagte, ich solle sie suchen gehen. Ich ging und ging und läutete dabei ein kleines *Schellele*, doch sie war unauffindbar. Als ich schon aufgeben wollte, hörte ich ein leises Geräusch. Ich ging dem Ton nach und traute meinen Augen nicht. Direkt im Bachbett, unter einem Stein, bis zum Kopf unter Schlamm begraben, sahen mich zwei ängstliche dunkle Augen an. Ich war überglücklich, dass das Tier noch lebte. Aber es steckte so fest im Schlamm fest, dass ich es allein nicht befreien konnte. Also lief ich, so schnell ich konnte, hinunter zur Alm. Zwei Männer mussten mit Pickel und Schaufeln kommen und brauchten mehrere Stunden, bis die Ziege endlich aus ihrem Gefängnis befreit werden konnte.

Abschied

Nach dem Festtag Hochunserfrauentag am 15. August begannen die Vorbereitungen für unsere Rückkehr ins Dorf. Ab da wurden die Eier in Kalklauge eingelegt und die Ziegenbutter langsam erwärmt und in Tontöpfe abgefüllt. Wir kochten *Grantenmarmelade* ein und trockneten die Pilze, die wir sammelten. Ende September war es dann so weit. Das Vieh wurde ins Tal getrieben, die Almhütte geschlossen. Ich war für den Abtrieb der Schweine zuständig. Dies war bei dem steinigen, steilen Steig gar nicht leicht. Ich ging voran und eine Frau, die die Mutti extra vom Dorf heraufbestellt hatte, kontrollierte, ob hinten alle Schweine nachgingen. Die Tiere wurden später verkauft und geschlachtet. Das Fleisch eines Tieres behielten wir. Teile davon wurden geselcht, andere gesalzen und in Gläser eingeweckt. So hatten wir wieder Vorräte für den Winter.

Zwei Tragödien

Doch so, wie in der Natur auf Sonne unweigerlich der Regen folgt, so zogen auch in meinem Leben graue Wolken auf. Ich war zwölf Jahre alt, als meine Schwester, die Traudl, mit 21 Jahren an den Folgen der Geburt ihres ersten Kindes starb. Mehrere Tage nach der Entbindung begann sie zu fiebern. Als ob sie ihren nahen Tod geahnt hätte, wollte sie die gesamte Familie noch einmal sehen. Sie fantasierte, sah plötzlich überall Sterne. Anstatt sie zu behandeln, wurde sie einfach in eine Nervenheilanstalt gebracht, wo sie wenige Tage später starb. Ich konnte nicht begreifen, dass meine einzige leibliche Schwester innerhalb weniger Tage aus meinem Leben verschwunden war. Ich weinte unaufhörlich und selbst die Mutti vermochte nicht, mich zu trösten. Die Berta nähte mir eine schwarze Schürze, die ich fortan in der Schule trug. Nach der Schule wurde sie ausgezogen und jeden Sonntag gewaschen. Als ich Jahre später verstand, dass meiner Schwester mit der richtigen Behandlung gar nichts geschehen wäre, kochte die Wut in mir hoch. Ich habe seither viele Frauen kennengelernt, die dasselbe hatten, und keine musste daran sterben. Doch die Einlieferung meiner Schwester in die Heilanstalt war ihr Todesurteil.

Zwei Jahre später ereilte uns ein weiterer Schicksalsschlag. Der Vater starb unerwartet an einem Herzinfarkt. Noch heute sehe ich ihn vor mir, wie er auf seinem Weg zur Waldarbeit am Fenster vorbeigeht, noch zu uns hereinschaut und zum Abschied lächelnd seinen Hut zieht. Ich wusste nicht, dass mir dieses Bild als Letztes von ihm in Erinnerung bleiben sollte. Wie sollte es jetzt nur weitergehen? Die Mutti wollte die Alm unbedingt alleine weiterführen, doch in ihrem Alter war dies schwierig. Ich war 14. Meine Kindheit war vorbei und eines stand fest: Nach der Schule würde ich arbeiten gehen müssen, um die Mutti und mich versorgen zu können.

Der Antrag

Unsere Zweisamkeit fiel auch anderen auf und weckte unerwartete Hoffnungen. Eines Tages, ich war alleine zu Hause, klopfte es an der Tür. Ich machte auf. Vor mir stand ein Bauer aus dem Dorf, der mich freundlich anlächelte und meinte, ob er etwas mit mir bereden könne.

„Ich hab dich schon länger beobachtet und gesehen, dass du ein ganz fleißiges Mädchen bist. So eine wie dich bräuchte ich auf meinem Hof." Er hielt meine Hand und fragte: „Möchtest du meine Frau werden?"

Ich staunte: „Aber ich bin doch erst 14 Jahre alt", stammelte ich.

„Das ist mir gleich, ich kann auf dich warten. Du musst mir nur versprechen, dass wir heiraten, sobald du volljährig bist."

Ich betrachtete den Mann, der mindestens 15 Jahre älter als ich war. Hatte ich soeben tatsächlich meinen ersten Heiratsantrag erhalten? Und das mit 14 Jahren? Ich war geschmeichelt. Doch ich hatte erst meine einzige Schwester und meinen Ziehvater verloren, sollte ich jetzt mit einem

Heiratsversprechen so jung schon meine Freiheit aufgeben? Ich brauchte nicht lange zu überlegen, als ich ihm meine Antwort sagte.

Sie heiratete den Mann nicht. Er fand einige Zeit später eine andere junge Frau für seinen Hof. Sieglinde ging den Winter über ins Schnalstal in den Gasthof nach Kurzras, wo sie bei der Wirtin, von jedermann nur „die Kurzin" genannt, in der Küche arbeitete und kochen lernte. Im Sommer bewirtschaftete sie mit der Mutti noch einige Jahre lang die Alm.

Geheiratet hat Sieglinde erst sieben Jahre nach ihrem ersten Antrag. Aus der Ehe gingen drei Kinder hervor.

Den Traum, doch noch einen höheren Schulabschluss zu machen, gab sie nicht auf. Mit vierzig Jahren machte sie den Führerschein, schrieb sich in die Abendschule ein, holte den Mittelschulabschluss nach, absolvierte mit Erfolg die Ausbildung zur Altenbetreuerin und arbeitete bis zu ihrer Pension in der mobilen Altenbetreuung.

K. W.

Blumen am Wegesrand

Elfi G., geb. 1954 in Girlan

Die Künstlerin Elfi G. zeichnet in ihren Kindheitserinnerungen das Bild einer harten, aber dennoch schönen und behüteten Kindheit im Überetsch. Auffallend ist ihr früher Blick für Details und Farben, der sie auch heute als Malerin auszeichnet.

Die *Gufl* bildet die östlichste Grenze der Gemeinde Eppan und liegt am rechten Etschufer. Dort gibt es drei Höfe. Der nördlichste, Mitterling, gehört dem Kloster Neustift. Der benachbarte Fischerhof befand sich unmittelbar südlich des Zusammenflusses von Etsch und Eisack, des sogenannten „Spitz". In alten Zeiten gab es dort ein Holzfloß. Etliche Leute aus dem Überetsch kamen dorthin und ließen sich auf das linke Eisackufer übersetzen. Von dort aus pilgerten sie in Richtung Leifers hinauf nach *Weißenstein*.

Zwischen den beiden Höfen liegt unser Hof, der Guflhof. Direkte Zufahrt hatten alle drei Höfe keine, bis in den 1960er-Jahren die Gutsverwaltung des Klosters Neustift eine eigene private Hängebrücke über die Etsch bauen ließ, die dann auch wir gegen Entrichtung einer Gebühr benützen durften. Das war ein gewaltiger Fortschritt.

Sonst gab es nur einen Steig, der vom Marklhofweg abzweigte und hoch oben von Girlan herab zu unserem Hof führte. Die zweite Verbindung zur Außenwelt stellte unser

Boot, das „Schiff" genannt, dar. Es war an ein über die Etsch führendes Drahtseil gebunden, und wir erreichten damit das linke Etschufer. Für uns bedeutete dies den Anschluss an Kaiserau, Sigmundskron und Bozen. Das erste Schiff, das wir besaßen, war aus Holz und außen schwarz mit Teer zwecks Wasserundurchlässigkeit bestrichen. Später wurde es durch ein Eisenschiff ersetzt, das mir weniger gut gefiel.

Sonntags kamen manchmal Wanderer zu uns, die uns um die Überfahrt zum gegenüberliegenden Etschufer baten. Das machten wir Kinder sehr gerne. Unsere Bootsgäste bedachten uns Kinder immer mit einem stattlichen Trinkgeld. Manchmal gab es sogar eine silberne „500-Lire-Münze", eine sehr großzügige Geste zur damaligen Zeit.

Im Winter, sobald die Fischerei losging, kamen die Fischer aus dem Dorf zu uns. Sie waren mit meinem Vater befreundet und gern kehrten sie bei uns auf ein *Schnapsl* ein. Sie sorgten dafür, dass es bei uns an der Etsch nicht zu einsam war. Wenn es schneite, kamen auf dem gegenüberliegenden Etschufer immer die „Leegmander", Bedienstete des Vereins zur Instandhaltung der Konsortialwege in der Kaiserau. Mit ihrem Pflug machten sie den Weg bis zu unserer Schiffsanlegestelle frei. Mein Vater fuhr mit dem Schiff zu ihnen hinüber und bedankte sich, indem er sie mit einem kräftigen Glühwein oder mit einem *Schnapsl* aufwärmte. Zur Weihnachtszeit gab es auch Weihnachtsgebäck oder *Zelten* dazu.

Weil der Hof zu meiner Kindheit noch keine Zufahrt hatte, besaßen meine Eltern weder einen Traktor noch sonst ein Fahrzeug. Sie hatten nur ein Fahrrad, das in einer Holzhütte auf der gegenüberliegenden Seite der Etsch abgestellt war und mit dem sie in die Stadt fuhren. Später konnte sich mein Vater eine hellblaue Vespa zulegen. Recht geschickt war er allerdings nicht im Umgang damit. Es gab so manche Startschwierigkeiten. Beim Loslassen der Kupplung bockte das hellblaue Ding oft fürchterlich. Es sah alles fast rodeomäßig aus. Einmal geschah es sogar, dass meine Mutter, die sich zum Mitfahren hinten im Damensitz auf die Vespa setzte, beim Start vom Sattel fiel.

Harte Arbeit

Auf unserem Hof wurden Weinreben in *Leiten* angepflanzt und auf einem schmalen Streifen längs der Etsch wurde Obstbau betrieben. Beim Pflanzenspritzen und bei der Ernte musste unsere Kuh – ein Ochse wäre ein Luxus gewesen – das Fuhrwerk ziehen. Wir Kinder führten die Kuh.

Mühsam war das Spritzen der Leiten. Mein Vater tat dies mit einer tragbaren *Spritzbundel* mit Verstäuber. Später, als es einen Motor gab, zogen wir Kinder abwechselnd den Schlauch nach. Auch das Ernten war eine sehr mühsame Angelegenheit, ohne jegliche technischen Hilfsmittel. Die Obststeigen und die Maische mussten auf das Schiff geladen, auf dem gegenüberliegenden Etschufer ausgeladen und dann auf ein angeheuertes Fuhrwerk aufgeladen werden. Eine große Schinderei.

Wir waren es gewohnt, schon als kleine Kinder zu Hause mitzuarbeiten. Auf einem *Stockerl* stehend, musste ich das

Geschirr spülen. Die Mutter hatte schon mehr als genug bei den Weinreben zu arbeiten. Auch bei der Gartenarbeit musste ich mithelfen, Unkraut jäten und gießen.

Auch in der Landwirtschaft mussten wir tüchtig anpacken. Ich wurde als Jüngste für kleinere Tätigkeiten eingesetzt. Eine typische Kinderarbeit war das „Fußschabigen", das Entfernen der Triebe am Fuße der Reben. Wenn Obst geerntet wurde, musste ich die Obststeigen mit Papier auslegen und das Fallobst auflesen, das den Tieren verfüttert wurde.

Eine Tätigkeit war mir aber nicht geheuer: Mein Vater kellerte immer selbst Wein für den Eigenverbrauch ein. Das war der *Leps* für alle Tage, der aus den Trauben, die nicht in die Kellerei geliefert werden konnten, gemacht wurde. Daneben gab es den Sonntagswein. In der *Ansetz* befanden sich zwei große, hohe Weinfässer, die sogenannten Kanter. Nach der Reinigung derselben mussten wir Kinder durch die Öffnung hineinkriechen und mit einem angezündeten *Schwefelblatt* das Fass ausräuchern. Als meine beiden Geschwister zu groß dafür wurden, traf es eben mich. Es war feucht und roch eigenartig. Ich mochte das überhaupt nicht und war heilfroh, als ich endlich zu groß dafür war.

Meine Mutter war sehr tüchtig. Sie baute Gemüse nicht nur im Garten, sondern auch an anderen Stellen an, die sich dafür anboten. Wurden junge Reben angelegt, konnte das Gelände für die Aufzucht von niederen Bohnenstauden verwendet werden. Auch die musste ich als Kind ernten, weil mir das Bücken angeblich weniger Mühe machte.

Aber selbst mir schmerzte nach einiger Zeit der Rücken. So kniete ich abwechselnd auf dem Boden, um meinen müden Rücken zu entlasten, und pflückte dann im Stehen weiter, als mir die Knie wehtaten. Frauen aus der Bozner Reschenstraße kamen mit dem Fahrrad zu uns, um frisches Gemüse und Obst zu kaufen. Mein Vater sorgte dafür, dass außer den Apfelbäumen auch Birnen, Kirschen, Pfirsiche und Pflaumen, ja sogar Nüsse gediehen. Für unsere Familie war dies eine willkommene Nebeneinnahme.

Die Tiere

Unsere Kühe wurden als Zugtiere bei der Ernte und beim Spritzen eingesetzt. Zudem versorgten sie uns mit Milch. Daraus machten wir Butter und Frischkäse. Die Milch wurde abgerahmt und die Sahne mussten wir Kinder in einem Kübel zu Butter schlagen. Die Buttermilch schmeckte mir nicht. Dafür umso mehr die *Maibutter*, die mit Zimt und Zucker bestreut einen ganz besonderen Leckerbissen darstellte. Wir gaben immer darauf acht, den richtigen Zeitpunkt zu erwischen. Leider kam es trotzdem manchmal vor, dass dieser bereits überschritten war und die Sahne in Butter überging. Dann mussten wir bis zum nächsten Butterschlagen warten. Mit dem Stielende eines Löffels oder der Spitze einer Gabel wurden Dekors auf die Butterknollen gedrückt. Die Butter wurde verkauft, wenn wir zu viel davon hatten. Später hielten wir nur noch eine Kuh.

Auch ein Kalb im Jahr gab es, das sich dann aber der Metzger holte. Schweren Herzens nahmen wir Abschied davon. Aber wir wussten, dass im darauffolgenden Jahr wieder eines im Stall stehen würde, und freuten uns darauf.

Als nach dem Ankauf eines Traktors die Kuh nicht mehr als Zugtier diente, wurden nur noch ein paar Ziegen gehalten. Wir tranken von nun an Ziegenmilch. Anfangs schmeckte sie seltsam, aber nach einiger Zeit gewöhnten wir uns so daran, dass es für uns gar keinen Unterschied mehr machte.

Allerliebst waren die Zicklein. Es machte uns großen Spaß, sie im Freien springen zu sehen. Eines davon, ein hellbraunes Geißlein, kam immer zum Gitter des Ziegenstalls, reckte sich hoch und schenkte Bussis. Wir brachten es nicht übers Herz, dieses dem Metzger zu liefern, und so behielten wir es auf dem Hof, bis es groß wurde und selbst wiederum Zicklein gebar.

Wir hielten auch Kaninchen und Meerschweinchen. Zur Osterzeit hatten wir meistens kleine Häschen, mit denen wir in der Wiese spielten. Hühner waren leider nicht angesagt, denn die lockten den Fuchs regelrecht an. Einmal machten wir einen Versuch, aber der Fuchs wartete nicht lange, um sich seine Beute zu holen. Die Eier, manchmal ein Hühnchen und ab und zu eine Henne für eine kräftige Hühnersuppe besorgten wir uns von der nahe gelegenen Hühnerfarm. Übrigens schmeckte dies alles ausgezeichnet, weil die Tiere in einer Art Freilandzucht gehalten wurden.

Jedes Jahr wurden zwei Ferkel angekauft und großgezogen, bis sie schlachtreif waren. Als der Bozner Adolf, der auf den Höfen die Schweine schlachtete, in den Stall kam, verstanden die Tiere sofort, was ihnen blühte, und quiekten fürchterlich. Ich konnte das nicht mit ansehen, nahm Reißaus und hielt mich am Berg auf, bis alles vorüber war.

Verwertet wurde alles vom Schwein. Sogar das Fett wurde zu Graupen verarbeitet und aus dem Blut wurden Würste gemacht. Mit diesen konnte ich mich nicht recht anfreunden, obwohl die Blutwürste meiner Mutter anscheinend großen Anklang fanden und sie immer auch der Verwandtschaft einen „Koster" abtreten musste. Am besten schmeckte mir der Schweinelendenbraten und später der Speck. Bei uns gab es die Möglichkeit, den Speck selbst mit Kranewitzweigen zu räuchern. Auch die frischen Hauswürste waren ein Genuss.

Mit Wehmut denke ich an unsere zwei Hunde, den Mohri und den Waldi, zurück. Der Mohri, ein belgischer Schäfer, begleitete mich durch meine Kindheit. Meine Mutter erzählte mir, dass er sich immer neben meinen Kinderwagen legte und Wache hielt, als sie im Weinberg arbeitete. Er war immer gutmütig zu Kindern. Aber kaum kamen etwas eigenartige Personen auf den Hof, konnte er auch scharf werden. Zum Beispiel konnte er den Schweinehändler, der uns die Ferkel brachte, wegen seiner kreischenden und lauten Stimme überhaupt nicht leiden.

Der Waldi, ebenfalls schwarz, kam später dazu. Mein Vater hatte ihn gerettet. Jemand wollte sich seiner entledigen, steckte den Welpen in einen starken Papiersack und warf ihn in die Etsch. Zugebunden trieb der Sack im Fluss. Wir wurden darauf aufmerksam, weil wir ein fürchterliches Jaulen und Wimmern hörten. Irgendwie konnte sich der kleine Hund aus dem Sack befreien und rettete sich ans andere Ufer. Mein Vater nahm das Schiff, überquerte den Fluss und holte ihn zu uns. Wir hatten große Freude an ihm. Er war lieb und verspielt, und man merkte ihm regelrecht an, dass er meinem Vater wegen seiner Rettung ewig dankbar war. Auch der Mohri, gutmütig wie er war, hatte ihn gern an seiner Seite.

Katzen hatten wir auch. Unter ihnen war ein besonders liebevoller Schmusekater, ein Tigerle mit hellen und dunklen Streifen, der „Tuif". Zu Hause sprang er immer auf die Waschmaschine, damit er besser mit mir schmusen konnte. Er hatte nur ein Laster: Er ging gern auf Brautschau und kam dann, von so manchem Kampf gezeichnet, mit geritzten Ohren oder sonstigen Verletzungen zurück. Er blieb sogar manchmal ein paar Tage weg. Umso größer war meine Freude, wenn er wieder nach Hause kam. Aber halten konnte ich ihn trotz meiner großen Zuneigung nicht. Eines Tages entfernte er sich wieder einmal und ich sah ihn nie wieder. Wer weiß, was ihm wohl zugestoßen sein mag.

Dann gab es noch eine fuchsrot-weiß-getigerte Katze, die sichtlich beleidigt war, als noch zwei junge Kätzchen ins Haus kamen. Sie blieb daraufhin keinen Tag länger und kam nur noch nachts. Punkt ein Uhr kletterte sie auf die höchste Perglsäule einer Hausrebe genau unter meinem

Schlafzimmerfenster und miaute, bis ich sie hörte und ich mich ihrer erbarmte. Ich öffnete das Fenster und holte sie in mein Zimmer. Natürlich durfte sie auf meinem Bett schlafen. Aber am nächsten Morgen nach dem Frühstück wollte sie wieder nichts wie weg.

Blumen am Wegesrand
Meine Kindheit war durch ärmliche Verhältnisse, Entbehrungen und harte Bedingungen geprägt, dafür aber umso reicher an Naturerfahrungen.

Meine Mutter besaß einen wunderbaren Gemüsegarten, den sie mit Liebe pflegte. Rundherum waren Blumen gepflanzt. Es blühte vom Frühling bis zum Spätherbst. Aber im Sommer gab es die größte und vielfältigste Blütenpracht: Margeriten, Zinnien, Gladiolen, Löwenmaul, Schleierkraut. Im September blühten dann die wunderbaren Astern, die ich besonders liebte, in allen Farbnuancen um die Wette. Zusammen mit ein, zwei Stängeln blühendem Basilikum ergaben sie einen wunderbar wohlriechenden Bauernstrauß.

Damals gab es auch allerhand Wiesenblumen längs der Etsch: Margeriten, blauen und manchmal sogar rosaroten Wiesensalbei, Wiesenknopfblumen, gelben Hahnenfuß, Vergissmeinnicht, Schafgarben, manchmal sogar Dotterblumen. Gerne schmückte ich damit den Maialtar unter dem Kreuz, das in der Ecke unserer Küche über dem Esstisch hing.

Die liebsten Blüten waren mir aber die der Kirsche. Noch heute kann ich mich an der weißen Pracht nicht sattsehen. Mit einem Strauß Kirschblüten gratulierte ich auch meiner Nachbarin Paula zu ihrer Hochzeit und sagte auch ein Verslein auf: „Frisch gewaschen, frisch frisiert und ein Verslein einstudiert …" Dafür gab es ein *Kracherle* im Marklhof.

Im Winter bestaunte ich andere Blumen, nämlich die Eisblumen, die sich über Nacht zwischen den Doppelfenstern, den sogenannten Winterfenstern, in meinem Zimmer bildeten. Manchmal konnte man mit etwas Fantasie sogar ganze Landschaftsbilder ausmachen.

Gerne widmete ich mich den Kakteen. Ich besaß eine ganze Sammlung davon, die auf einem Regal, das mein Vater unter dem Küchenfenster angebracht hatte, stand. Ich zog so manche Setzlinge groß, die ich von meiner Mutter erhielt oder im Dorf bei einigen Frauen erbettelte. Großes Gefallen hatte ich an den kleinen Tontöpfen. Plastiktöpfe gab es damals zum Glück noch nicht. Groß war die Freude, wenn die Kakteen einige Blüten hervorbrachten. Ich fand die Farben dieser Blüten besonders intensiv und schön.

Kinderspiele

Als ich etwas größer war, ging ich manchmal mit einigen Kindern zu Fuß bis zum Kleinen Montiggler See zum Baden. Schwimmen konnte ich allerdings noch nicht, einen Schwimmreifen hatte ich auch nicht. An der mit einem

Seil abgetrennten Stelle im See, die für Kinder geschaffen worden war, wagte ich trotzdem ein paar Versuche, um über Wasser zu bleiben. Mit der Zeit klappte es auch. Aber eine richtige Sicherheit im Wasser hatte ich damals noch nicht.

Mein Bruder Franz schwamm sogar über die Etsch. Ich hatte immer etwas Angst, als ich ihm zusah, weil ihn die Strömung abtrieb und er erst ein Stück weiter südlich wieder an Land kam. Zudem war das Wasser auch im Sommer eiskalt.

Manchmal kamen meine Cousins aus dem Dorf zu uns auf Besuch. Gerne spielten sie bei uns im Heustadel. Die Buben waren nicht leicht zu bändigen. Sie tobten sich so richtig aus und spielten mit dem Werkzeug, das sie in der *Torggl* fanden. Besonders wohl war meinen Eltern dabei nicht zumute. Meistens war das Werkzeug danach nicht mehr am gewohnten Platz anzufinden. Einmal wurden einige Werkzeuge erst sehr viel später in einer hohen Baumkrone wiedergefunden.

Sogar Tunnels wurden zum Leidwesen meiner Eltern in den Heuhaufen im Stadel gegraben. Überhaupt war der geräumige Stadel ein begehrter Spielplatz. Etschseitig gab es eine große Öffnung, damit das Heu Luft bekam. Bei Regen fand ich es besonders romantisch dort. Es gefiel mir, den herunterströmenden Regen zu beobachten. Ich hörte die Regentropfen, wie sie auf das mit Porphyrplatten bedeckte Stadeldach klatschten, und fühlte mich dort geborgen.

Im Stadel spielten wir sogar Zirkus, spannten ein Seil von einem Holzbalken zum anderen und versuchten uns in akrobatischen Darbietungen, die meistens im darunterliegenden Heuhaufen ihr Ende fanden. Mit den Cousins spielten wir gerne Cowboy und Indianer. Jeder wollte die Cowboy-Rolle übernehmen, weil die Indianer meistens die Verlierer waren.

Sehr interessant war für meine Cousins eine Fahrt mit dem Schiff über die Etsch. Und sie durften auch auf die Kirschbäume klettern und sich den Bauch vollessen.

Ansonsten spielte ich gerne mit meinen Puppen, nähte mit der Hand Kleider aus Stoffresten oder strickte Jäckchen und Pullover für sie. Im Stadel durfte ich mir mit den leeren Obststeigen eine Küche aufbauen, in der ich das alte und angeschlagene Geschirr, das meine Mutter im Haushalt nicht mehr brauchte, hineinstellte. Es diente mir noch gut als Spielzeug.

Schuhe trugen wir im Sommer nie zu Hause, stets waren wir barfuß unterwegs. Auf dem Gras herumzulaufen war mir eine besondere Freude, aber vorsichtig ging ich immer den steinigen Weg hinunter bis zur Obstwiese, denn da kam es manchmal vor, dass man auf Glasscherben trat, die sich in dem Gemisch aus Erde, Kies und Sand, mit dem der Weg ausgelegt war, befanden. Die Mutter desinfizierte und verband die Wunde und die Welt war wieder in Ordnung.

Im Winter hatten wir eine Riesengaudi mit unserem alten Holzschlitten – eigentlich nur ein paar zusammengenagelte Holzbretter mit Kufen. Wir sausten den Berg damit hinunter. Den frischen Schnee nutzten wir gerne aus. Es war eiskalt, unsere Wangen waren rot, wir schauten wohl sehr gesund aus. Da es noch keine Windjacken gab, trugen wir Jacken aus Schafwolle, die uns warm hielten. Wir waren nicht besonders empfindlich. Oft hatten wir nur einen Pullover, von der Mutter handgestrickt, an, obwohl die Sonne bereits um 14 Uhr bei uns unterging.

Meine Schuljahre

Für meinen Schulweg musste ich jeden Tag einen mittelmäßig ansteigenden, schmalen Weg durch einen Laubwald bis kurz vor dem Marklhof bewältigen. Dies dauerte rund eine halbe Stunde. Von dort ging es dann eine weitere knappe halbe Stunde weiter bis zum Dorf Girlan. Mein Bruder Franz, acht Jahre älter als ich, war bereits „ausgeschult". Meine Schwester Erika, die sieben Jahre älter ist als ich, begleitete mich noch zwei Jahre lang, weil sie die Klassen aufgrund ihrer Behinderung einige Male wiederholen musste. Sonderschulen oder eine Stützkraft gab es damals noch nicht.

Wegen des langen Schulweges besuchten wir auch keinen Kindergarten. Ich besaß überhaupt kein Zeitgefühl und ließ mich auf dem Schulweg durch Blumenpflücken aufhalten. Anfangs kam ich meistens zu spät zur Schule, obwohl mich die Mutter rechtzeitig losschickte. Ich hatte ein komisches Gefühl, als ich alle Kinder schon in der Klasse sitzen sah. Die nette Lehrerin erklärte mir geduldig, dass ich mich auf dem Schulweg nicht ablenken lassen dürfte.

Dafür wurden die Blumen auf dem Nachhauseweg gepflückt. Zu groß war meine Leidenschaft und es gab so viele auf meinem Schulweg: im Frühjahr Erika (Heidekraut), Leberblümchen, Lärchensporn (die sogenannten Rotzklachl – die Mundartbezeichnung fand ich immer so unzutreffend abschätzig), Osterglocken und vor allem die Schlüsselblumen, die Himmelschüssel, wie wir sie nannten. Dann im April und Mai die Margeriten, Mohn- und Glockenblumen, die ich in einem Körbchen sammelte, welches die sogenannten „Nahnmadeln" im Jesuheim gebastelt hatten, um sie bei den Prozessionen im Dorf auszustreuen. Ich weiß noch genau, wie das Körbchen aussah. Es war ein ganz besonders schönes: Der geflochtene Bast war mit einer hellblauen Borte durchzogen und der Korb mit hellblau glänzendem Stoff gefüttert.

Beim Jesuheim gab es einen Gärtner, der Töpfe mit Blumen zum Verkauf auf die Straße stellte. Zum Muttertag kaufte ich für meine Mama einige Stiefmütterchen bei ihm. Die hatten es mir wegen ihrer Farbkomposition und interessanten Gesichtchen besonders angetan. Das dafür nötige Geld sparte ich mir von der Jause ab, sofern es ab und zu eines gab.

Leider kam es auch vor, dass sich manchmal infolge von starken Unwettern Felsbrocken lösten, uns den Schulweg verlegten und sogar eine große Gefahr für unseren Hof darstellten. Zum Glück konnten die Laubbäume viele Steine abfangen, aber so manche landeten in unserer Obstwiese und sogar in der Nähe des Hauses.

Sehr zu schaffen machte mir der Schulweg im Winter, denn es gab oft starke Schneefälle. Um uns den Zugang zur Schule zu erleichtern, trug mein Vater auf seinem Rücken einen Holzpflug bis an den oberen Rand des „Bergs" und stellte ihn dort ab. Bei Schneefällen beschwerte er den Pflug mit einem großen Stein und zog ihn an einem Seil den Berg hinab bis zu unserem Hof. Oft schneite es nachts. Und so musste mein Vater schon in aller Frühe los, um uns den Weg einigermaßen frei zu machen. Trotzdem brach ich noch mit meinen Bergschuhen mit Gamaschen auf dem verschneiten Weg ein. Ich schämte mich damals in der Schule wegen meiner Bergschuhe, die ich bereits ab dem Herbst tragen musste, obwohl meine Mutter nur die besten beim Seebacher in der Museumstraße in Bozen kaufte. Viel wohler fühlte ich mich im Frühjahr mit den Halbschuhen. Zur Erstkommunion bekam ich sogar ganz elegante schwarze Lackschuhe mit Riemen.

Wenn der Winter besonders schneereich war, durfte ich einige Nächte und einmal sogar einen ganzen Winter lang bei der „Tant Lies", der Dorfschneiderin, verbringen. Meine Mutter war gemeinsam mit ihr im Kirchenchor. Mutter hatte eine begnadete Sopranstimme. Auch ihre Brüder waren Ausnahmetalente. Oft wurden sie im privaten Kreis gebeten, ein Lied zu singen.

An die „Tant Lies" habe ich eine wunderbare Erinnerung: Sie ließ anlässlich meiner Erstkommunion eine wunderbare Torte herrichten. Es war eine besonders schöne Torte. So eine hatte ich vorher noch nie zu sehen bekommen. Sie war mit Marzipanglasur überzogen, worauf ein Mädchen abgebildet war, das ganz fromm vor dem Altar kniend vom Priester die Heilige Kommunion empfing. Rundum war die Torte mit kleinen Silberkugeln dekoriert.

Solange ich die Grundschule besuchte, war auch das Mittagessen ein Problem, da wir auch am Nachmittag Unterricht hatten. Während des ersten Schuljahres konnten meine Schwester und ich im „Weißen Rössl" zu Mittag essen. Auch einige Lehrpersonen waren dort zu Gast. Der Gastgarten war wunderschön mit den alten Rosskastanienbäumen und nach dem Essen blieb noch kurz Zeit, um dort ein bisschen zu spielen. Vom zweiten Schuljahr an gab es die Möglichkeit, im Kindergarten zu essen.

In der zweiten Klasse hatte ich eine Klosterfrau als Lehrerin, Schwester Cäcilia, die im Kloster in Girlan neben dem Pfarrwidum wohnte. Sie sang sehr gern und begeisterte uns Kinder ebenfalls für den Gesang. Dazu begleitete sie uns auf ihrer Gitarre, die immer griffbereit an der Wand hinten im Klassenzimmer hing.

Da wir in der dritten Klasse einen Mann als Lehrer hatten, wurden wir Mädchen von der Lehrerin „Fräulein Fani" im Handarbeiten unterrichtet. Während die Buben mit Laubsäge, Sperrholz und sonstigem Werkmaterial hantierten, zeigte sie uns, wie man Unterhosen und Socken aus Sarner Wolle strickt, die ich zu meinem Leidwesen nachher auch noch tragen musste.

Als am Nikolaustag einmal der Krampus laut mit der Kette auf dem Gang daherpolterte, erschrak ich so sehr, dass ich mich vor Angst schnell unter der Schulbank verkroch und mir im Eifer des Gefechts die Stricknadel in die Wange bohrte.

Vor dem Nachhauseweg musste ich manchmal noch beim „Frei" einkaufen. Alles, was so im Haushalt gebraucht wurde. Und wehe ich vergaß etwas, was noch zusätzlich angesagt worden war und nicht auf dem Einkaufszettel stand. Das kam bei der Mutter nicht gut an und sie tadelte mich wegen meiner Vergesslichkeit. Überhaupt war die Mutter sehr streng mit uns Kindern. Zimperlich durfte man nicht sein. Ich fühlte mich oft ungerecht bestraft – und das machte mich traurig. Damals verstand ich noch nicht, dass meine Mutter wegen der verschiedenen Schicksalsschläge, die sie erleiden musste, mehr als überfordert war und manchmal einfach nicht mehr die nötige Geduld für uns Kinder aufbrachte. Aber ich spürte trotzdem, dass sie mich gern hatte, und sie war stolz auf meine guten Ergebnisse in der Schule.

Im Spätherbst wurde es früh dunkel und es war mir nicht immer recht wohl, den „Berg" noch hinunterzugehen. So lief ich, die Einkaufstasche in der Hand, die Schultasche auf dem Rücken, bergab – ich kannte ja jeden Stein – und sang dabei laut, um die Angst zu vertreiben.

Später, als ich die Mittelschule besuchte, durfte ich auf einem Anwesen, das drei Schwestern gehörte, im Dorf „überwintern". Da gab es eine große Stube mit einem warmen Bauernofen und zwei großen Tischen. Auf dem einen machte ich meine Hausaufgaben, auf dem anderen machten die Damen am Nachmittag mithilfe einer vierten Person ihre *Karterlen*. Es gab oft *Zuckerlen* in Form von Zitronen- und Orangenspalten. Manchmal kam es vor, dass die Damen aus dem einen oder anderen Grund nur zu dritt waren, und so musste ich ihnen beim Kartenspielen aushelfen, was ich weniger gern tat. Bereits damals war klar, dass aus mir nie eine gute Kartenspielerin werden würde.

Ich ging sehr gerne zur Schule, lernte leicht und fleißig und war im Gegensatz zu meinen Mitschülern immer sehr traurig, als das Schuljahr zu Ende war. Die Sommerferien waren damals noch lang, und ich war als Kind bei uns auf dem Hof viel allein. Umso mehr freute ich mich immer, wenn es wieder Herbst wurde und ein neues Schuljahr begann.

Farben

Als ich bereits die Mittelschule in Eppan besuchte, entdeckte ich meine Liebe zur Malerei. Wir hatten eine sehr gute und sympathische Kunstprofessorin, Frau Sieglinde Tatz-Borgogno, die uns Schüler motivierte und förderte. Ich liebte ihren Kunstunterricht, jede Woche freute ich mich auf die zwei Stunden. Mit Farben zu experimentieren, Licht und Schatten auf einem Blatt Papier einzufangen, das erlebte ich von Anfang an sehr intensiv.

Eines Tages durften wir ein Dschungelbild malen, das weiß ich noch, wie wenn es heute wäre. Ich malte eine Landschaft in den verschiedensten Grüntönen, dazu noch Dschungeltiere wie Affen und Elefanten. Als das Bild fertig war, wunderte ich mich selbst, dass ich es war, die dieses Kunstwerk gemalt hatte. Die anderen Kinder kamen dazu, standen um das Bild herum und bestaunten es. Sie waren begeistert, und ich – ich freute mich unendlich, zumal die Kunstlehrerin mir eine sehr positive Rückmeldung gab. So ging es dann immer wieder. Ich bekam viel Lob für meine Bilder. Ich experimentierte mit den Farben herum und erfreute mich an dem Ergebnis. Wie schön war es, die Bilder, die mir im Kopf herumschwirrten, zu Papier zu bringen.

Mein großer Bruder war noch viel besser als ich im Zeichnen, ich bestaunte und bewunderte ihn. Er hatte einige Preise bei Malwettbewerben eingeheimst, die von der Schule ausgeschrieben worden waren, einmal für sein Bild „Das tapfere Schneiderlein". Nie hätte ich es gewagt, mich mit ihm zu vergleichen. Auch er lobte meine Bilder, was sehr wichtig für mich war.

Ich selbst war vor allem farbbegabt. Doch als ich wie eine meiner Nachcousinen nach der Mittelschule die Kunstschule in Gröden besuchen wollte, erhielt ich leider nicht die Erlaubnis dafür. Meine Mutter wollte lieber, dass ich „etwas Gescheites" lernen sollte. Mein Vater hielt sich aus dieser Diskussion ganz heraus, das war Sache meiner Mutter. Ich landete dann in einer Handelsschule, das schien für ein Mädchen die passende Lösung zu sein. Schade.

Schicksalsschläge

Meine ältere Schwester Erika kam mit einer leichten kognitiven Behinderung auf die Welt. Während ihrer schlimmen

Schwangerschaft litt meine Mutter entsetzlich unter Gallensteinen, sie magerte ab, anstatt zuzunehmen, und hatte schlimme Koliken. An eine Operation war während einer Schwangerschaft nicht zu denken. Und auch Medikamente waren verboten. Außerdem gab es ja auch nichts, was in ihrem Fall helfen konnte. Das Kind kam schließlich mit einer Zangengeburt zur Welt.

Schon bei ihrer Geburt war offensichtlich, dass sie nie selbstständig werden könnte. Obwohl Erika geistig zurückgeblieben war, besuchte sie die normale Dorfschule. Es gab damals keine Alternativen. Sie wurde bis zur vierten Klasse sozusagen „mitgenommen", ohne jedoch jemals das Niveau ihrer Mitschüler zu erreichen. Lesen und Schreiben hat sie nie richtig gelernt. Als ihre Unterrichtszeit länger dauerte als meine, durfte ich in ihrer Klasse die Zeit abwarten, bis wir gemeinsam nach Hause gingen. So erlebte ich, dass sie manchmal wegen ihrer mangelnden Mitarbeit und dargebotenen Späße zur Strafe hinter die Tafel gestellt wurde. Aber anstatt sich diese Strafmaßnahme zu Herzen zu nehmen, fiel ihr nichts Besseres ein, als mit Kreide Männchen auf die Rückseite der Tafel zu zeichnen. Groß war dann das Gelächter der Schüler, als die Lehrerin bei Bedarf die Tafel umdrehte, um auf der Rückseite weiterzuschreiben: Erikas Männchen standen Kopf.

Oft wurde sie aber in der Schule von den gesunden, „normalen" Kindern ausgegrenzt, obwohl sie gutmütig und gerne unter Leuten war. Immer wieder kam es vor, dass sie von anderen Kindern *getratzt* wurde. Andere wiederum haben sie beschützt.

Eines Tages wurde sie nach der Schule mitten auf dem Dorfplatz von einigen Kindern belästigt. Sie lachten sie aus und neckten sie. Ich war erst sieben Jahre alt, aber ich verteidigte meine Schwester. Ich schrie die Kinder an und rief, sie sollten sie ja in Ruhe lassen. So habe ich die viel älteren Kinder, die sich wahrscheinlich nun doch schämten, ganz alleine in die Flucht geschlagen. Ungerechtigkeiten habe ich noch nie ertragen.

Nach der Schulzeit ist Erika auf dem Hof geblieben und hat dort brav und fleißig überall mitgeholfen.

Ich mochte meine Schwester sehr gerne. Abends vor dem Einschlafen erzählte sie mir oft selbst erdachte Geschichten. Da bewies sie Fantasie. Ich bat sie oft, mir etwas zu erzählen. Ihre Geschichten waren immer spannend.

Da Erika in einer Zeit aufwuchs, in der es auf diesem Gebiet kaum Hilfe gab, fühlte sich meine Mutter oft alleinegelassen. Sie litt sehr unter dieser Situation. Es war keine leichte Aufgabe – ohne Unterstützung von außen.

Noch eine Tragödie ereignete sich in unserer Familie. Groß war die Verzweiflung meiner Mutter, als sich herausstellte, dass mein um acht Jahre älterer Bruder im Alter von 13 Jahren an Leukämie erkrankt war.

Alles fing damit an, dass auf seinem ganzen Körper plötzlich kleine Krusten auftraten. Wenn er sie wegkratzte, bluteten sie stark. Zuerst verstand niemand die Ursache. Doch bald wurden Bluttests empfohlen, die die traurige Wahrheit ans Tageslicht brachten. Meine Eltern waren verzweifelt. In der damaligen Zeit bestand wenig Hoffnung, dass Franz gerettet werden konnte. Die weißen Blutkörperchen gewannen viel zu schnell die Oberhand.

Ich war noch sehr klein, trotzdem weiß ich noch genau, wie beeindruckt ich war, weil mein großer, starker Bruder überall blutete. Und auch an meine Mutter denke ich noch oft, wie hoffnungslos ihr die Situation erschien.

Zu Beginn der Erkrankung wurde davon ausgegangen, dass die Ursache in der Milz lag. Doch diese Diagnose war falsch. Meine Mutter lief von einem Arzt zum anderen und suchte trotz unserer Armut sogar einen Privatarzt auf, der ihr empfohlen wurde. Da wir kaum Geld besaßen und er auch keines verlangte, brachte ihm meine Mutter oft Naturalien von unserem Hof mit.

Dieser Privatarzt erkannte, dass die Ursache nicht die Milz, sondern ein Eiterherd an den Mandeln war. Er veranlasste die Einlieferung in die Universitätsklinik nach Pavia, wo meinem Bruder Franz die Mandeln unter Vereisung entfernt wurden. Ich verstand damals nicht alles, aber immer wieder wurde davon gesprochen, dass er kein Blut verlieren durfte, da er kaum noch rote Blutkörperchen hatte. Meine Mutter begab sich oft nach Bozen in die Museumstraße, da es dort Pferdefleisch gab, das als gut für die Blutbildung galt. Die Genesungszeit dauerte viele Jahre, aber er schaffte es, auch dank der fürsorglichen Betreuung meiner Mutter. Immer wieder wurde er Aufbaukuren unterzogen, erst im Alter von 20 Jahren war er wieder richtig gesund.

Dieses jahrelange Zaudern und diese Ängste warfen einen großen Schatten über meine Kindheit.

November und Dezember in Girlan

Der Martinimarkt war und ist fast ein Feiertag in Girlan. Schon wochenlang freuten wir Kinder uns darauf. Endlich wieder *Mandorlato* essen, das gab es nur einmal im Jahr. Mit unserem wenigen Taschengeld durften wir uns Süßigkeiten kaufen. An Spielzeug wurde gar nicht gedacht. Ich spazierte mit meinen Cousinen durch den farbenprächtigen Markt und staunte – was gab es da nicht alles zu sehen. Socken, dicke Wolljacken, aber auch Hennen, Schweine, Hasen, Ziegen, Schafe und *Grischer*, die dann von den Bauern gewurstet wurden. Es war laut, man konnte fast das eigene Wort nicht verstehen. Die Marktschreier taten noch das Ihre dazu, denn sie priesen ihre Ware lautstark an, meistens mit den Worten „Billige, billige … !" Stofftaschentücher und Wollsocken wurden so an den Mann und öfter noch an die Frau gebracht. Die ersten Mandarinen wurden beim Martinimarkt gekauft und gegessen.

Nach dem Martinimarkt verflog die Zeit fast wie im Flug, und bald war Nikolausabend und schließlich Weihnachten. Ich erinnere mich an einen Heiligen Abend, an dem meine Mutter nach einem schlechten Erntejahr, als der Hagel alles zerstört hatte, so wenig Geld hatte, dass sie nicht einmal ein Weihnachtsgeschenk kaufen konnte. Da kam glücklicherweise jemand aus der Bozner Reschenstraße zu uns und kaufte uns ein paar Steigen Äpfel ab. Schnurstracks radelte meine Mutter in die Reschenstraße und kaufte mir einen Regenschirm. Er war wunderschön und ich weiß noch genau, wie er aussah: Er war rosarot und hellbraune Daunenfedern waren darauf abgebildet.

Mit dem Christbaum hatte ich stets eine große Freude. Er war im Schlafzimmer von mir und meiner Schwester aufgestellt, das in alten Zeiten einmal eine Gaststube gewesen war. Abends zündete ich die Kerzen an und spielte mit den Kugeln und sonstigen Gegenständen, die am Baum hingen. Ich beobachtete die Schatten, die sich an der Wand bewegten. Besonders angetan hatten es mir die zwei *Schneemanndlen* und die zwei silbernen *Tschurtschelen*, wovon eines schon vom Rauch einer Kerze gezeichnet war. Aufgehängt wurde es trotzdem jedes Jahr wieder. Damals war es üblich, dass man bunte Zuckerringe aufhängte. Die blieben allerdings nie lange hängen. Auch die *Sternspritzer* waren ein besonderes Erlebnis. Wir hatten ein paar als Reserve übrig. Nach dem Heiligen Abend hängte ich welche nach, um den spannenden Effekt, den sie auslösten, wieder zu erleben.

Der Tag des Heiligen Abends wurde als Fasttag gezählt. Auch am Abend gab es kein besonderes Menü. Nach dem Lied „Stille Nacht" und der bescheidenen Bescherung gab es Tee und Weihnachtsgebäck, das bis dahin ja nicht angerührt werden durfte. Gerade deshalb war es etwas Besonderes und wir freuten uns jedes Jahr wieder darauf.

Wasser und Strom

Ich kann mich noch gut an die Zeit erinnern, als es weder fließendes Wasser noch Strom im Haus gab. Unterhalb des Hauses, das sich wegen der Hochwassergefahr auf einer

Anhöhe befand, stand am Rande der Obstwiese eine händisch zu betätigende Wasserpumpe. Das Wasser wurde in Eimern zum Haus hochgetragen. In der Nähe von dieser Pumpe gab es eine Vorrichtung im Freien, wo das Wasser zum Waschen erwärmt und die Wäsche dann ausgekocht wurde. Mutter wusch die Wäsche in einem Holzbottich. *Geschwänzt* wurde die Wäsche vom Boot aus im fließenden Wasser der Etsch, auch im Winter bei Treibeis. Wie leid tat mir meine Mutter, als ich ihre roten, vom eisigen Flusswasser zerschundenen Hände sah. Im Sommer wurden die nassen Leintücher auf der Wiese zum Bleichen ausgebreitet.

Natürlich hatten wir auch kein Heizung. Der einzige warme Raum im Haus war die Küche, in der ein Holzherd stand. Abends legten wir Lehmziegel zum Erwärmen in das Backrohr des Herdes, wickelten sie in ein altes Tuch und legten sie ins Bett. So war das Bett schon einmal vorgewärmt. Wir füllten auch Gummiflaschen mit heißem Wasser. Aber die Ziegel waren mir sympathischer und sie hielten länger warm.

Es gab eine große Aufregung bei uns zu Hause, als der Hof endlich im Jahr 1958 elektrisch erschlossen wurde. Ich kann mich noch gut an die stinkenden Petroleumlampen erinnern und an das mit glühender Kohle gefüllte Bügeleisen, mit dem Mutter mühsam die Wäsche bügelte. Nun sollten diese Gegenstände der Vergangenheit angehören und nur noch als Dekoration dienen.

Nach dem Strom kam endlich auch das Wasser ins Haus. Eine mit einem Dieselmotor betriebene Wasserpumpe beförderte das Trinkwasser zum Haus hoch. Noch heute kann ich mich an den Augenblick erinnern, als das Wasser in unserer Küche zum ersten Mal aus dem Wasserhahn floss. Es war eine große Erleichterung und ein nicht mehr wegzudenkender Luxus.

Sogar ein Radio mit Plattenspieler wurde dann gekauft. Ein gebrauchter Schwarz-Weiß-Fernseher folgte erst sehr, sehr viel später. Man hatte auch keinen guten Empfang in der *Gufl*. Die Antennen waren nicht vorteilhaft positioniert. Außer den italienischen RAI-Sendern konnten wir nichts empfangen. Für uns Kinder war zwischen dem einen und anderen Flimmerwerk manchmal nur ein „Zorro" und ein „Rin Tin Tin", ein dressierter Schäferhund, sehenswert. Eine Waschmaschine konnte erst viel später angeschafft werden. Das war dann wohl die größte und wichtigste der Errungenschaften.

Für das Zimmer der Mädchen, das sehr groß war und auch als Fernsehraum diente, gab es dann in späteren Zeiten sogar einen Elektroofen, welch Luxus.

„Meine Eltern starben leider viel zu früh in der Mitte ihres Lebens, gerade als es ihnen wirtschaftlich endlich etwas besser gehen sollte. Sie waren wohl von den schwierigen Arbeitsbedingungen, vielen Entbehrungen und Krankheiten, mit denen sie zu kämpfen hatten, gezeichnet.

Die harten Jahre meiner Eltern haben natürlich auch meine Kindheit und meine Jugend geprägt. Aber die Naturverbunden-

heit, mit der ich auf diesem Hof in der Gufl aufgewachsen bin, möchte ich heute nicht missen. Oft denke ich an diese Zeit zurück und in Dankbarkeit auch an meine Eltern. Ich werde sie immer in Ehren halten.

Ich hatte trotz allem eine wunderschöne Kindheit."

S. M. E.

Mein Sommer in Welschnofen

Sigrid M., geb. 1973 in Bozen

"'Petra! Petra! Bleib stehen!' Ich rannte meiner Freundin nach, so schnell ich konnte, doch ich konnte sie nicht fangen. Petra war viel schneller als ich. ‚So warte doch', rief ich nochmals. Immer noch lief sie vor mir her, deshalb ergriff ich eine List: Ich ließ mich plötzlich fallen und schrie laut auf, als ob ich mich verletzt hätte.

Sofort war sie bei mir. ‚Hast du dir wehgetan?', fragte sie mitleidig.

Da fing ich an zu lachen. ‚Nein, aber sonst hole ich dich nie ein.'

Sie lachte laut, ich stimmte ein und wir rollten gemeinsam die frisch gemähte Wiese hinunter. Wie das pikste. Schließlich lagen wir nebeneinander und schauten uns die vorbeiziehenden Wolken an.

‚Nur noch drei Wochen', sagte ich traurig, ‚dann ist der Sommer schon wieder zu Ende.'"

„*Bis zum Alter von neun Jahren habe ich jeden Sommer in Welschnofen verbracht, dem Heimatdorf meiner Mutter. Von hier stammen meine schönsten Kindheitserinnerungen. Diese unendliche Freiheit habe ich nie wieder so intensiv erlebt.*"

Den ganzen Winter lang habe ich an den bunten Sommer in Welschnofen gedacht, immer wieder. Manchmal habe ich davon geträumt und war im Traum so glücklich, dass ich dachte, er wäre wahr. Als ich dann aufgewacht bin, musste ich weinen. So groß war der Unterschied zwischen meinem Leben in der Stadt und den langen Sommerferien im Dorf.

Es war alles genau so, wie es sein sollte. Zunächst das Haus. Es war ein uraltes Haus, der alte Tschandlhof: Eine schwarze alte Holzstiege führte von außen in den ersten Stock. Dort wohnten wir. Die Wohnung war klein, aber gut eingeteilt. Gleich links befand sich die Küche. Hier gab es das einzige Waschbecken der Wohnung, mit einem so schlanken Wasserhahn, dass man kaum glauben konnte, dass so viel Wasser herauskommt. Weiter hinten lagen die Zimmer. In der Stube gab es einen echten *Bruggenofen* aus Holz. Darauf lagen wir abends gerne. In dieser Stube habe ich auch geschlafen. Links davon, nur durch die Stube erreichbar, das Elternzimmer. Auf der anderen Seite befand sich das Kinderzimmer, wo meine Brüder schliefen.

Das stille Örtchen war urig. Es gab nur ein Plumpsklo. Manchmal, bei Regenwetter, hat es dort ziemlich gestunken. Einmal ist mir die Klobürste hinuntergefallen. Doch das war mir egal, auch das gehörte zu unserem Sommerurlaub in Welschnofen.

Drei Monate blieben wir immer dort, von Mitte Juni bis Mitte September. Eine unendlich lange, schöne Zeit, fast hundert Tage.

In Welschnofen gab es viele Kinder: Maria und Valeria wohnten im Haus unter unserem Feriendomizil. Petra und ihre zwei jüngeren Brüder wohnten im unteren Stock des Tschandlhofes. Petra war nur ein Jahr jünger als ich und über Jahre hinweg meine allerbeste Freundin. Auch wenn ich sie im Winter nie traf, so sah ich sie den ganzen Sommer lang, Jahr für Jahr. Sie durfte das ganze Jahr über in diesem Paradies leben. Wie ich sie darum beneidete! Petra war ein fröhliches Mädchen, das genau wusste, was es wollte. Mit ihr wurde es nie langweilig. Auf den umliegenden Höfen wohnten zwei weitere Mädchen.

Und dann das Tschandl-*Ruan*: Ein enger Spazierweg, direkt am Tschandlhaus vorbeiführend. Jeden Tag spazierten viele Personen vorbei. Es befanden sich dort viele Bänke, auf denen man sitzen und rasten konnte. Das taten wir eigentlich nie, aber oberhalb der Bänke gab es kleine Waldstücke, auf denen man überall spielen konnte. Wir hatten uns dort Wohnungen eingerichtet, kleine Häuser. Das Haus bei der ersten Bank und das Haus bei der zweiten Bank, das mir noch besser gefiel, weil es so weit und groß war. Mit sechs oder sieben Kindern zu spielen ist unglaublich schön. Es waren ja auch noch meine zwei Brüder dabei, Otto, zwei Jahre älter als ich, und der kleine Hansi, auf den ich oft aufpassen musste.

Abends gingen wir erst ins Bett, wenn es dunkel wurde, bis halb neun Uhr spielten wir meistens draußen. Ohne Fernseher war es sehr gemütlich, nie habe ich ihn in den Ferien vermisst. Auch gelesen habe ich kaum, obwohl ich sonst eine richtige Leseratte war, die Bücher über alles liebte. Hier genügte mir der Kontakt zur Natur und zu den anderen Kindern.

Morgens war ich meistens sehr früh wach. Da meine Mutter mir verboten hatte, meine Freundin Petra zu wecken, warf ich von draußen kleine Steinchen an ihr Fenster. Bald kam sie dann zu mir und wir konnten zusammen spielen.

In der kleinen Küche hatten wir nur eine Kochplatte, deshalb wurden nie irgendwelche besonderen Menüs aufgetischt, sondern es gab einfache, schnelle Gerichte. Die genügten vollauf, hatten wir doch kaum Zeit zum Essen. Ich wollte nichts versäumen, da die anderen Kinder meistens schon vor dem Haus spielten.

Sehr gerne ging ich einkaufen. Das war so abwechslungsreich und interessant. Großtante Friedas Dorfladen enthielt eine Fülle der verschiedensten Produkte. Neben Obst, Gemüse, Brot und Aufschnitt gab es sogar Spielsachen. Außerdem war Tante Frieda immer freundlich. *„Mogsch a Zuckerle?"*, fragte sie jedes Mal, wenn ich eintrat. Sie war Omas einzige Schwester, die beiden hatten ein inniges Verhältnis. Bereits mit vier Jahren durfte ich mit den größeren Mädchen ins Geschäft gehen. Da ich noch nicht lesen konnte, reichte ich der Verkäuferin den Einkaufszettel und das Brieftäschchen mit dem Geld.

Fast jede Woche fand ein Sommerfest statt. Man roch schon von Weitem die Brathähnchen und Bratwürste, die Musikkapelle spielte. Es war eine sehr angenehme Atmosphäre. Die Musikkapelle zog am Haus meiner Oma, das am Dorfplatz lag, vorbei. Wir gingen ans Fenster und schauten hinunter. Meine Oma war Fahnenpatin und genoss als solche eine besondere Stellung bei der Musikkapelle. Sie, die sonst oft gestresst und immerzu beschäftigt war, hielt inne und summte gut gelaunt die bekannten Märsche mit. Ich stand neben ihr und freute mich auf das Fest.

Später lief ich mit den anderen Kindern auf den Festplatz neben der Kirche. Ich machte eine Runde, und meistens dauerte es nicht lange, bis ich meine Taufpatin Paula erspähte.

„Hoi Sigrid", sagte sie freundlich, „mogsch a Los?" Ich freute mich und nickte. Ein einziges Mal gewann ich etwas – und zwar eine Flasche blutrotes Ketchup. Es war das erste Ketchup, das ich bis dahin gekostet hatte. Es schmeckte irgendwie seltsam, aber doch gut und vor allem nach Gewinn und Feststimmung.

Freundinnen

In unserer näheren Umgebung wohnten viele Mädchen in meinem Alter – ganz zum Bedauern meines älteren Bruders, da es keine gleichaltrigen männlichen Spielkameraden für ihn gab. Maria wohnte im Haus unterhalb des Tschandlhauses. Sie war einige Jahre älter als ich und hat eher auf uns aufgepasst, als mit uns gespielt. Sie hatte eine Schwester namens Valeria. Maria und Valeria hatten beide kastanienbraune Haare. „Petra, dein Haar hat dieselbe Farbe wie meines", sagte Maria oft zu ihr, als wir alle zusammensaßen, „kastanienbraun, sehr schön." Ich war ein bisschen eifersüchtig mit meinen hellblonden Haaren.

Ich fand ihre Haare wunderschön. Maria lachte viel, ich mochte sie sehr gerne.

Wenn es endlich Sommer wurde und wir nach Welschnofen fuhren, wartete Petra immer schon auf mich. Wir durften den ganzen lieben Tag lang zusammen spielen. Am Ende des Sommers kam irgendwann der gefürchtete Tag, an dem wir abreisen würden. Meine Mutter hatte die vielen Dinge, die wieder in die Stadt zurückmussten, teils in Koffer gepackt, teils in Plastiksäcke. Überall türmten sich Gepäckstücke.

Daneben standen Petra und ich, uns an den Händen haltend und den schlimmen Moment abwartend. „Heuer weine ich nicht", sagte Petra jedes Mal, und ich stimmte ihr zu. „Ja, ich komme im nächsten Jahr wieder, da gibt es keinen Grund, traurig zu sein." Doch als dann der Moment gekommen war, hielten wir es beide nicht aus, und wir weinten beide zum Herzzerreißen. Auch noch, als unsere Familie im weißen Fiat 850 saß und wir losfuhren.

Im Sommer spielten wir am liebsten mit unseren Puppen. Wir fuhren sie im Puppenwagen spazieren und gaben ihnen *Babypappa*, wenn sie Hunger hatten. Wir waren die Puppenmütter. Ehemänner hatten wir in unserem Spiel beide keine, dieses Thema haben wir nie angeschnitten, es brauchte nur die Puppen und uns. Nur manchmal erzählte ich Petra, dass ich in einen Jungen aus meiner Klasse verknallt war, so wie alle meine Mitschülerinnen. Doch das war nebensächlich, Buben waren höchstens nur lästig.

Besonders mit den Barbies haben wir gerne gespielt. Da wir nicht viele Barbiekleider hatten, haben wir irgendwann damit angefangen, selbst welche zu nähen. Das war ein Spaß. Sogar mein älterer Bruder hat mitgemacht. Ich erinnere mich noch daran, dass ich mit einem grünen Stoffrest ein hübsches Trägerkleidchen für meine Barbie geschneidert habe. Es war gar nicht so schwierig, wie ich geglaubt hatte. Unsere Barbies wurden so von Tag zu Tag schöner. Ab und zu machten wir ihnen Frisuren. Das ging gut mit den langen blonden Haaren.

Die Wiese
Vor dem Tschandlhaus gab es eine wunderschöne, riesige Blumenwiese. Wenn das Gras hoch gewachsen war, konnten wir Kinder uns dort verstecken. Sogar die größten Mädchen Maria und Valeria konnte man nicht mehr sehen. Außerdem machten wir uns Ketten aus den Blumen. Dafür verwendeten wir am liebsten Löwenzahn, da wir die Blüten abzupfen und die Stängel ineinanderstecken konnten. Mit Steinen und Blütenblättern konnte man wunderbare Bilder auf dem Boden wie ein Mosaik legen, dieser Beschäftigung gingen wir gerne nach. Und am schönsten war es, durch das hohe Gras zu rennen, auch wenn die Bauern es nicht gerne sahen. Der blaue Himmel über uns, die strahlend heiße Sonne und wir inmitten der Wiesenblumenpracht, das war unbeschreiblich schön. Nie haben mir Schnittblumen vom Gärtner besser gefallen als unsere einfachen Wiesenblumen, die in ihrer natürlichen Schönheit jeder Zuchtrose überlegen sind.

Wenn dann das Gras gemäht wurde, war die Wiese anfangs stachelig, man konnte nicht mehr so gut barfuß darüber gehen. Als es wieder langsam nachwuchs, konnten wir uns auf den Boden legen und die ganze Wiese hinunterrollen, das machte großen Spaß. Die Wiese roch so gut, wie nur Bergwiesen riechen können. Am besten roch sie gleich nach dem Mähen. Dieser Duft ist unvergleichlich.

Mein Vater fuhr mehrmals die Woche nach Bozen. Fast jedes Mal bat ich ihn, mir irgendetwas von daheim mitzunehmen. Ich freute mich stets so darauf, als ob ich ein neues Geschenk bekommen würde.

So wurde er einmal von mir beauftragt, mein Fahrrad nach Welschnofen mitzubringen. Anfangs riet er mir davon ab, da die Straße um das Haus herum viel zu steil und nicht geeignet für ein Kinderfahrrad wäre. Doch schließlich gab er wie so oft nach und versprach, es mir beim nächsten Mal zu bringen. Ich wartete den ganzen Tag lang ungeduldig auf ihn, immer wieder schaute ich hinüber auf die andere Seite des Dorfes, wo man schon von Weitem die Autos erblicken konnte. Wenn ich dann den weißen Fiat 850 erspähte, vergingen noch einige Minuten, bis er schließlich ankam. Das Fahrrad wurde allgemein bestaunt. Es war hellgrün und hatte keine Seitenräder mehr. Ich platzte fast vor Stolz. Sofort setzte ich mich auf den Sattel und drehte einige Runden. Der Platz war wirklich nicht ideal dafür, aber das störte mich überhaupt nicht.

Am nächsten Tag hatte ich den Einfall, mit meinem Fahrrad die frisch gemähte Wiese hinunterzufahren. Ich setzte mich also darauf, setzte die Füße auf die Pedale und – fuhr los. Zuerst ging es in rasanter Geschwindigkeit hinunter. Es dauerte jedoch nicht lange, und das Rad brach entzwei – in der Mitte, einfach so. Wie durch ein Wunder passierte mir überhaupt nichts, ich trug nur ein paar Schrammen davon, aber das Fahrrad hatte den Sturz über meine geliebte Wiese nicht heil überstanden. Trotzdem musste ich lachen, zusammen mit den anderen Kindern, weil das einfach zu komisch war.

Gemeinsam mit den anderen schob ich die Teile des Fahrrades nach oben zum Haus. Das Fahrrad wurde zwar repariert, konnte aber nachher nicht mehr gut verwendet werden. Trotzdem, das war gar nicht schlimm, denn wer konnte schon von sich erzählen, so eine steile Wiese mit einem Rad hinuntergefahren zu sein?

Stadt – Land – Dorf

Zumeist war das Wetter wunderschön, doch manchmal gab es Sommergewitter. Als ich noch ganz klein war, hatte ich schreckliche Angst davor. Mein Vater hielt mich auf den Armen und tröstete mich. Er beteuerte immerzu, dass der Kirchturm in der Nähe ein guter Blitzableiter wäre, der das Haus beschützen würde. Doch in dem alten Haus waren die Donnerschläge so laut zu hören, dass ich nur weinte und kaum zu beruhigen war.

Später hatte ich keine Angst mehr vor dem Gewitter. Ich wusste, dass wir uns nicht im Freien aufhalten durften, doch ansonsten war ich es so gewohnt, dass ich es sogar mochte. Bei schlechtem Wetter konnten wir nur drinnen spielen, meistens trafen wir Kinder uns alle im alten Stadel neben dem Haus. Im hintersten Raum, in dem früher die Kühe gestanden hatten, setzten wir uns nebeneinander. Zuerst aßen wir die Kuchen, die wir vorher gemeinsam im Geschäft gekauft hatten, dann spielten wir meistens Stadt – Land – Dorf. Dieses Spiel liebte ich, von Anfang an habe ich mich gerne mit Buchstaben beschäftigt. Anfangs war ich nicht besonders gut, doch bald merkte ich mir viele Wörter und konnte problemlos mit den großen Mädchen mithalten.

Draußen blitzte und donnerte es, doch wir saßen zusammen, aßen und tranken und wetteiferten miteinander, welcher Beruf und welche Stadt mit A oder N anfangen. Wir waren zusammen, lachten, neckten uns und nichts konnte uns passieren.

Der Pfarrer

Ich liebte die wunderschönen Prozessionen. Fast jedes Jahr – je nach Kalender – waren wir bereits bei der Fronleichnamsprozession im Dorf. Ich erinnere mich an die vielen Farben, die Blumen und die Erstkommunikantinnen in ihren weißen Kleidern. Wir gingen durchs Tschandl-*Ruan*, vorbei an unserem Feriendomizil, und machten eine große Runde durchs Dorf. Ich durfte mit den großen Mädchen mitgehen. Maria hielt meine Hand. Ich sehe sie heute noch vor mir, mit ihren langen kastanienbraunen Haaren und Augen, sie trug ein dunkelblaues Samtkleid mit bunten Stickereien vorne. Dieses Kleid hat sie mir später vermacht, ich habe es ebenso gerne gemocht, wie ich sie mochte.

Der Welschnofner Pfarrer war jung, trug eine Brille, war riesengroß und sehr schlank. Er war ein ruhiger Mensch, der die Messen stets mit viel Hingabe vorbereitete.

Als ich schon etwas älter war, spazierte der Herr Pfarrer eines Tages am Tschandlhof vorbei. Petra und ich spielten gerade mit unseren Puppen vor dem Haus, wir fuhren sie mit unseren Kinderwagen spazieren. Der Pfarrer grüßte uns, und wir grüßten höflich zurück. Meine Mutter kam zufällig aus dem Haus und sprach ein paar Worte mit ihm, ich hörte genau hin. „Wie alt sind denn diese Mädchen?", fragte er. „Die sind doch schon groß, warum kommen sie nicht auch unter der Woche in die Kirche?", schlug er vor.

Ich glaubte, nicht richtig gehört zu haben. Wir gingen doch schon am Sonntag in die Kirche.

„Jeden Mittwoch um halb acht Uhr wird die heilige Messe gefeiert, es wäre nett, wenn die Kinder kommen würden." Nun war es also entschieden. In den 1970er-Jahren war der Pfarrer noch der Pfarrer und natürlich mussten Petra und ich jetzt auch noch jeden Mittwoch die Messe besuchen. Widerwillig gingen wir hin. Da so wenige Leute dort waren, wurde die Messe, die kürzer als am Sonntag war, nur am Seitenaltar gefeiert. Doch wir, die vorne in der ersten Reihe saßen, waren viel näher am Altar als an anderen Tagen. Uns fiel auf, dass der Pfarrer immer am Ende des Evangeliums das heilige Buch küsste.

„Hast du das gesehen?", fragte Petra mich einmal anschließend. „Er hat das Buch geküsst."

„Ja", antwortete ich, „das nächste Mal müssen wir genau aufpassen, vielleicht macht er es wieder."

So freuten wir uns nun jeden Mittwoch auf diesen kurzen Moment. Wir schauten uns kurz an, kicherten und schauten auf den Boden, sodass niemand sehen konnte, dass wir lachen mussten. Da waren wir erfinderisch.

Der Bruggenofen

Ich schlief in der Stube der kleinen Wohnung, die wir den Sommer über gemietet hatten. Diese führte zu einem kleinen Balkon, von dem aus man das ganze Dorf überblicken konnte. Hier saß mein Vater mit seiner Schreibmaschine und schrieb seine Bücher. „Klack – klack – klack", so ertönte es über die ganze Wiese bis hinunter ins Dorf. Den ganzen Tag über „klack – klack – klack". Sogar noch abends, oft bis ich einschlief. Ich war das Geräusch gewöhnt, es gehörte einfach zu meinem Vater, den ich über alles liebte. Natürlich wollte ich ebenso wie er später einmal Schriftstellerin werden. Ich hatte schon viele Bücher geschrieben, die ersten mit vier Jahren, als ich noch gar nicht selber schreiben konnte. Sie wurden dem Kindermädchen diktiert, das sie für mich aufschrieb, und ich malte dazu. Als ich mit fünf lesen und schreiben konnte, schrieb ich meine Büchlein selbst. In der Schulzeit verfasste ich ganze Reihen von Geschichten, ich habe Bücher immer schon gemocht.

In der Stube befand sich ein alter heller *Bruggenofen*. Das ist ein gemauerter Ofen mit einer „Brücke" darüber, also einer großen Holzbank direkt über dem Ofen. Hier konnte man wunderbar liegen. Ab Mitte August war es abends oft bereits frisch, da freute sich meine Mutter darauf, den Ofen zu *schieren*, wie sie sagte. Das Feuer prasselte, und ich lag gemeinsam mit einem meiner Brüder auf dem Ofen. Manchmal schlief jemand von uns dabei ein. Das war sehr gemütlich.

Die Dolomitenbar
Meine Großeltern besaßen eine Frühstückspension mit Café direkt am Dorfplatz. Da es zentral gelegen war, gingen sehr viele Leute dorthin, Einheimische und Gäste. Als ich klein war, gab es in Welschnofen noch ausgesprochen viele Touristen. An den Abenden spazierten sie in Gruppen durchs Dorf, ähnlich wie an der Adria. Südtirol erlebte einen richtigen Boom. Vor allem kamen deutsche Gäste, aber auch viele italienische. Zu *Ferragosto* war es üblich, dass ständig irgendwelche Touristen anriefen, die unbedingt irgendwo noch ein Bett haben wollten. Sie erklärten sich bereit, Höchstpreise für eine kleine Kammer zu bezahlen. Deshalb verwundert es wohl kaum, dass viele Gastwirte ihre eigene Wohnung an diesen Tagen vermietet haben.

Meine Großeltern machten das nie, ihre Räume waren tabu. Sie hatten überaus viele Stammgäste aus Deutschland und Italien. Mit vielen pflegten sie über die Jahre ein freundschaftliches Verhältnis. Meine Mutter hat oft Gäste in Deutschland oder Holland besucht, als sie noch klein war.

Das Besondere am Café Dolomiten waren vor allem die Kuchen meiner Oma. Ich erinnere mich an die goldfarbenen Riesenschüsseln, in denen sie den Teig zubereitete. Lange Jahre war ich überzeugt davon, dass sie aus echtem Gold sein mussten, da die Kuchen so vorzüglich waren. Der Apfelkuchen, die Linzertorte und die Nusstorte meiner Oma waren weitum bekannt. Der absolute Hit war aber ihre Schokoladentorte. Jeden Tag hat sie zwei oder drei frische Torten zubereitet, je nach Bedarf. Immer wieder geschah es, dass die Leute ihre Tortenrezepte erfragen wollten, doch die hütete sie wie ein großes Geheimnis. Ich sehe sie vor mir, zwischen den goldenen Schüsseln, mit dem Mixer, den Eiern, der Milch. Meine Mutter hat ihr während unserer Sommeraufenthalte täglich beim Kuchenbacken geholfen. Mein geschäftstüchtiger älterer Bruder ebenso, da er einige Hundert Lire dafür erhielt. Ich aß die Torten lieber.

In der Bar gab es auch Eis, das mein Großvater noch selbst herstellte. Oft habe ich ihm dabei geholfen. Die riesige Eismaschine hat mir imponiert. Er probierte immer wieder neue Eissorten aus: rosarote, gelbe und grüne. Wenn ich auf dem Dorfplatz war, rief mich mein Onkel Otto oft in die Bar und lud mich ein, eine bekannte oder neue Eissorte zu kosten. Einmal war sogar Kastanieneis dabei, das mir besonders gut schmeckte. Es gab auch köstliche Eisbecher.

Das Café war gut besucht und meine Oma stand bis zum Alter von über achtzig Jahren hinter der Theke. Sie war eine Geschäftsfrau durch und durch, ich habe sie sehr gerne gemocht. Sie war eine Tourismuspionierin, sogar auf einer Ansichtskarte war sie in der Welschnofner Tracht abgebildet. Immer fleißig, immer bedacht. Und ihre Torten bleiben unvergesslich. Es war wirklich angenehm, eine Oma zu haben, die Torten und Eis verkaufte.

Das Schwimmbad

Nur sehr selten durften wir ins Welschnofner Schwimmbad. Da meine Eltern sehr beschäftigt waren, hatten sie nicht öfter Zeit, mit uns schwimmen zu gehen. Ich liebte alles am Schwimmbad: den Geruch nach Chlor, die lauten Stimmen von den jauchzenden und kreischenden Kindern, die Wiese mit dem kurz gemähten Gras, auf die wir uns hinlegten, das Eis in der Schwimmbadbar. Und dann das Wasser – einfach dahingleiten, das kam mir fast vor wie fliegen. Ich musste einen Schwimmreifen tragen, da meine Eltern befürchteten, dass die Schwimmflügel zu gefährlich seien. Erst später habe ich schwimmen gelernt. Ich mochte den Plastikgeruch des Schwimmreifens ebenso wie den Duft der Sonnencremes, der überall in der Luft lag.

Im Sommer fuhren die meisten Südtiroler Familien ans Meer, normalerweise an die Adria. Deshalb erhielten wir Jahr für Jahr Unmengen von Postkarten von Bekannten, die uns ihre Urlaubsgrüße übermittelten. Ich war von jeder Ansichtskarte von Neuem begeistert: Man sah braun gebrannte Kinder in knallbunten Badehosen, Frauen in knappen Bikinis und überall Wasser, Wasser, Wasser.

Ich wollte unbedingt auch einmal ans Meer fahren, doch meine Eltern waren sich einig: Nie würden sie dorthin fahren, das stand fest. Meine Mutter zehrte noch von den schlechten Erinnerungen, die sie in den 1950er-Jahren gemacht hatte, als sie jedes Jahr zwei Wochen lang mit ihrer Mutter nach Miramare fahren musste. Die Mücken hatten angeblich nur sie gestochen, sie hatte jedes Jahr einen Sonnenbrand bekommen und sich schrecklich gelangweilt. Deshalb hatte sie entschieden, dass sie in Zukunft auf einen Meeresurlaub verzichten würde.

Ich hingegen wollte unbedingt ans Meer. Jahr für Jahr holte ich im Frühling die Tageszeitung Dolomiten und fand nette Hotels unter den Werbeanzeigen. Ich las sie meinen Eltern vor, doch es nützte nichts: Sie blieben hart. Ich war sehr traurig darüber, erst im Alter von zwölf Jahren durfte ich erstmals nach Cesenatico, und zwar mit der *Kolonie*. Obwohl meine Eltern mir bereits angekündigt hatten, dass ich es sicherlich bereuen würde, genoss ich die drei Wochen ohne Heimweh und wusste, dass mich meine Liebe zum Meer niemals verlassen würde. Das Einzige, was mich in jüngeren Jahren darüber hinwegtröstete, nicht wie meine Schulkameraden ans Meer zu dürfen, waren natürlich die schönen Monate in Welschnofen.

Die graue Stadt

Mein Leben in Bozen während des Schuljahres stand im krassen Gegensatz zum malerischen Sommer in Welschnofen. Irgendwie kam mir alles grau vor. Graue Schule, graue Wände, graue Straßen. Der Innenhof des Hauses, in dem sich unsere Wohnung befand, war ebenfalls grau. Er diente eigentlich nicht als Spielplatz für Kinder, sondern als Garage und Abstellplatz für Fahrräder. Deshalb durften wir dort auch nicht spielen.

Ich mochte die langen Wintermonate in der Stadt nicht. Das hing vor allem damit zusammen, dass ich nicht gerne in die Schule ging. Dort erschien mir auch alles grau in grau: die Gänge, die Mauern, die Klassenzimmer.

Im Sommer hingegen genoss ich die absolute Freiheit, ich konnte gehen, wohin ich wollte, und tun, was mir gerade in den Sinn kam. Überall waren Farben, die Sonne, der Himmel, die bunte Wiese vor dem Tschandlhof, die vielen Kinder. Doch das Schuljahr war so unendlich lang. Ich durfte in Bozen nicht alleine aus dem Haus gehen, es war langweilig und eben grau.

In der Schule mussten wir andauernd still sitzen, mit geradem Rücken, ohne Gespräche mit den Banknachbarn. Es war ruhig und es schien mir unendlich langweilig. Am Nachmittag machte ich meine Hausaufgaben immer gleich nach dem Essen, danach besuchte ich eine Turnstunde oder einen Musikkurs. Dann verbrachte ich den Rest des Tages zu Hause. Manchmal besuchte mich eine Schulfreundin oder ich sie. Ich erinnere mich an die vielen Stunden, die ich vor dem Fernseher verbrachte oder las. Hier in der Stadt durften wir nie zu laut sein, um ja nicht die Nachbarn zu stören. Zum Glück hatte ich meine Brüder, mit denen ich oft gespielt habe, aber mit Puppen spielten wir nie, da ich als Mädchen zahlenmäßig der Minderheit angehörte.

Auch meine Mutter war hier anders. Während sie in Welschnofen ständig beschäftigt war und meiner Oma half, konzentrierte sie sich hier in Bozen wieder mehr auf uns, und wir mussten unsere Freiheit und Unabhängigkeit, die wir im Sommer erworben hatten, jedes Jahr wieder hergeben. Oft sah ich mir „Heidi" im Fernsehen an, und ich konnte sie so gut verstehen, ihr Heimweh nach den Bergen. Die Stadt kam mir wie Frankfurt vor, kalt und hässlich.

Erst ab April, Mai schöpfte ich wieder Hoffnung, und die letzten Wochen wurde meine Vorfreude von Tag zu Tag größer. Manchmal bekam ich sogar Fieber, wenn wir endlich nach Welschnofen fuhren und der lange Sommer in Freiheit vor mir stand. Aber alles hat ein Ende, und wenn ich im Herbst wieder nach Hause musste und wieder die Schule besuchen musste, war ich jedes Jahr traurig.

Es gab natürlich auch in Bozen schöne Momente. Das Weihnachtsfest, die Spaziergänge auf die Talferpromenade oder der Einkaufsbummel mit der Mutter unter den Lauben. Ich hatte in der Schule nette Freundinnen und war eine gute Schülerin, ohne irgendwelche größeren Probleme. Trotzdem, der Unterschied zu meinem Leben im Sommer war enorm, und da ich beide Welten kannte, war für mich klar, dass ich Welschnofen vorzog.

Winter in Welschnofen

Natürlich waren wir auch manchmal im Winter in Welschnofen. Ich erinnere mich an meterhohen Schnee, an den schönen Christbaum meiner Großmutter und an den unvergleichlichen winterlichen Geruch. Wir verbrachten jedes Jahr den Christtag bei meinen Großeltern, der Heilige Abend wurde zu Hause in Bozen gefeiert. Wir erlebten also eine zweite Bescherung, auch Onkel, Tanten und Cousinen waren dabei. Wir saßen gemeinsam in der Stube, sangen Weihnachtslieder und spielten mit unseren zahlreichen Geschenken. Am Abend fuhren wir wieder nach Hause – sehr ungern. Meine Oma kochte uns zum Abschied eine Nudelsuppe mit Wurst, das schmeckte köstlich.

Meine Freundin Petra berichtete mir, dass sie im Winter täglich mit dem Schlitten zur Schule fuhr. Neidisch und mit großen Augen hörte ich ihr zu. Was hatte sie doch für ein Glück. Bei uns in Bozen schneite es höchst selten, ich hatte fast nie weiße Weihnachten erlebt. Außerdem erzählte Petra, dass die Kinder in ihrer Schule Pantoffeln trugen, da die Schuhe oft nass vom Schnee waren. Auch das fand ich gemütlich. Das hatte schon gar nichts gemeinsam mit meiner Schule.

Später, als der Schnee schon geschmolzen war, im April, war ich nur sehr selten bei meinen Großeltern. Nur zu Ostern gingen wir sie besuchen. Dann spazierte ich gerne mit Petra ins Tschandl-*Ruan*. Überall blühten schon die wunderschönen Frühlingsboten, die hellgelben Himmelschlüssel ragten schüchtern ihre Köpfchen heraus.

Ich freute mich auf den Sommer.

S. M. E.

Glossar

A	Ansetz	ursprünglich Kellerraum in Weinhöfen zur Herstellung und Lagerung von Wein sowie zur Verarbeitung von Äpfeln
B	Babypappa	Babybrei
	Bötin	Händlerin
	Bräcke	hartes, in Stücke geschnittenes Roggenbrot
	Batzenhäusl	Traditionsgasthaus in Bozen
	Bruggenofen	Bauernofen mit Liegegelegenheit
	Buggelkorb	auf dem Rücken zu tragender Korb
C	Centesimo	kleine italienische Münzeinheit
E	eingefrischt	Blumen in Wasser stellen
F	Ferragosto	italienischer Feiertag am 15. August
	Formes	Frühstück
G	Gache	schnell aufbrausender Mensch
	geschwänzt	Wäsche spülen
	gespeckert	mit Murmeln gespielt
	getratzt/gepflanzt	geärgert
	gewuzelt	Zigarette gedreht
	Gitsch	Mädchen
	Grantenmarmelade	Preiselbeermarmelade

	Grischer	Esel
	Gufl	Ortsbezeichnung
	Guggerle	kleines Fenster
H	Haargungl	Haarknoten
	Haislgräben	Fäkaliengräben
	Haislraggler	Personen, die die Plumpsklos entleerten
	hergeglustet	darauf Lust gehabt
J	Jangger	aus Schafwolle gestrickte Jacke
K	Karterlen	Kartenspiel
	Kindsdirn	Kindermädchen
	Knoschpn	Holzschuhe mit Lederüberzug
	Kolonie	Ferienheim am Meer für Kinder
	Koster	Kostprobe
	Kracherle	limonadenartiges Getränk
	Krampus	Schreckgestalt in Begleitung des Nikolaus
	Kurrentschrift	früher benutzte deutsche Schreibschrift
L	Laiten/Leiten	mit Gras bewachsener Steilhang
	Leps	Tresterwein oder Wein einfacher Qualität

	Lichtmess	katholischer Festtag am 2. Februar
	lottern	betteln
M	Madl	Mädchen
	Mahder	Mäher
	Maibutter	Schlagsahne
	Mandorlato	italienisches Mandelgebäck
	mergeln	sich abmühen
	Mogsch a Zuckerle?	Möchtest du ein Bonbon?
O	Optionszeit	Optionszeit – 1939 bis 1943, Zeitraum, in dem die Südtiroler und Ladiner sich gezwungenermaßen entscheiden mussten, ob sie nach Deutschland auswandern oder in Italien bleiben wollten
P	Panzele	kleines Fass
	Pappelen	Kekse
	Pfandl	Pfanne
	Pinggele	Strohballen
	Popelen	Babys
R	rechnen (Heu)	Zusammenrechen von Heu
	Rorate-Messe	heilige Messe, die im Advent täglich am frühen Morgen gefeiert wird
	Ruan/Runen	steiler Wiesenhang
	Rumpeln	polterndes Geräusch/ Holzwaschbretter
S	Sackl	kleine Tüte

Salten	bewaldete Anhöhe oberhalb des Dorfes
Schellele	Glocke
schiach	hässlich
schieren	schüren
schnappen	Gras schneiden
Schnapsl	Schnäpschen
Schneemanndlen	Schneemänner
Schneid	Mut
Schott	Gebetbuch aus früheren Zeiten
Schupf	Scheune
Schwammerln	Pilze
Schwefelblatt	Blättchen zur Wein- und Mostschwefelung
Spritzbundel	Handspritzpumpe
Stamperle	Schnapsglas
Sternspritzer	Wunderkerze
Stiergand	Ortsbezeichnung
Stockerl	Schemel
T Tempelhüpfen	Kinderhüpfspiel
Torggl	Presse für Obst und Wein
Tschigat	Berg in Südtirol
Tschigg gewuzelt	Zigarette gedreht

	Tschippl	Haar- oder Grasbüschel
	Tschurtschelen	kleine Zapfen (Kiefer, Zirbe)
V	Versteckulus	Versteckspiel
W	Walsche/r	vom keltischen „welsch"; ursprünglich für „keltisch", später für „romanisch", „französisch", „italienisch"; veraltet für „fremdländisch" – in Südtirol in der Bedeutung von „Italiener"
	Weißenstein	Maria Weißenstein, Wallfahrtsort
Z	Zelten	Gebäck zur Weihnachtszeit
	Zuckerlen	Bonbons

Harte Jahre – starke Frauen

Sigrid Mahlknecht Ebner · Katharina Weiss

Das Buch erzählt wahre Geschichten aus dem Leben von fünf Südtirolerinnen, beginnend in der Habsburgermonarchie um 1900 bis heute. Vor dem gemeinsamen Hintergrund von Faschismus, Krieg, Nachkriegszeit und Aufbruch in die Moderne berichten sie von ihrem Weg durch das 20. Jahrhundert, gezeichnet von schwerer Arbeit, Armut und Unterdrückung, aber auch von Momenten des Glücks, von Kraft und Stärke.

ISBN 978-88-6839-413-4

Kluges Köpfchen

Sigrid Mahlknecht Ebner

Anna, Jahrgang 1912, ist ein Südtiroler Bauernmädchen aus einer kinderreichen Familie aus dem Schlerngebiet. Die hochbegabte Anna fällt als wissbegieriges Mädchen auf. Doch niemand glaubt an die Zukunft des ‚klugen Köpfchens'. Nur der Dorfpfarrer gibt ihr Bücher, die sie gierig verschlingt …

ISBN 978-88-6839-097-6

www.athesia-tappeiner.com

Unter der neunten Ecke

Anton Gögele

Diese Erzählung rund um Martl, einen Knecht aus dem Passeiertal in Südtirol, ist in Anlehnung vieler wahrer Begebenheiten aus den 1950er- und 1960er-Jahren entstanden. Das Leben in den Bergen zu dieser Zeit war geprägt von unterschiedlichsten Erziehungs- und Beziehungsmustern ...

ISBN 978-88-6839-254-3

Als noch Kartoffelfeuer brannten

Konrad Steger

Authentische Familiengeschichte aus dem Ahrntal der 1960/70er-Jahre. Noch vor 50 Jahren war das Ahrntal, wie die meisten Dörfer Südtirols, eine bäuerliche Welt. Dann begann sich alles sehr schnell, ja radikal, zu verändern ...

ISBN 978-88-6839-170-6

Als die Kinder aus den Krautköpfen kamen

Bettina Gartner

Die kleine Hannah will wissen, wie Sex funktioniert. Deshalb schaut sie dem Stier vom Huber-Bauern beim Liebesspiel mit den Kühen zu. Doch richtig schlau wird sie aus der Sache nicht. Denn Kinder kommen aus den Krautköpfen, hat sie gehört ...

ISBN 978-88-6839-042-6

MALIKA KADDOUR
DORIS ELZINGA

Gib mir meine Töchter zurück

Der verzweifelte Kampf einer Mutter
um ihre Kinder, die vom Vater nach
Syrien entführt wurden

Aus dem Niederländischen übersetzt
von Wolfgang Drescher

Dez. 2002

Silke-Hetty Walter

BLANVALET

Die niederländische Originalausgabe erschien 2001 unter dem Titel
»Gestolen Dochters« bei Uitgeverij Arena, Amsterdam.

Gib mir meine Töchter zurück ist als eine Art Tagebuch von Malika Kaddour zu sehen, das von Doris Elzinga niedergeschrieben wurde. Die hier geschilderten Ereignisse beruhen allein auf den persönlichen Erfahrungen von Malika Kaddour. Sie entsprechen also nicht unbedingt einer objektiv nachvollziehbaren Wirklichkeit. Ortsangaben, Personennamen und -beschreibungen sind zudem oft bewusst verschlüsselt worden, um die Privatsphäre der Beteiligten zu wahren.

Umwelthinweis:
Alle bedruckten Materialien dieses Taschenbuches
sind chlorfrei und umweltschonend.

Blanvalet Taschenbücher erscheinen im Goldmann Verlag,
einem Unternehmen der Verlagsgruppe Random House.

Deutsche Erstveröffentlichung November 2002
© der Originalausgabe 2001 by Malika Kaddour,
Doris Elzinga und Uitgeverij Arena
© der deutschsprachigen Ausgabe 2002 by
Wilhelm Goldmann Verlag, München,
in der Verlagsgruppe Random House GmbH
Published by arrangement with Linda Michaels Limited,
International Literary Agents.
Umschlaggestaltung: Design Team München
Umschlagfoto: Xander Remkes
Satz: Uhl + Massopust, Aalen
Druck: Elsnerdruck, Berlin
Verlagsnummer: 35824
Lektorat: SK
Redaktion: Ilse Wagner
Herstellung: Heidrun Nawrot
Made in Germany
ISBN 3-442-35824-8
www.blanvalet-verlag.de

1 3 5 7 9 10 8 6 4 2